홍원길의

한길

김포시민의 곁에서 함께 걸어온 기록

홍원길의 한길

홍원길 지음

비타베아타

추천사

춘당장학회 이사장

홍기훈

진갑(進甲)을 지나서 자기가 살아온 과거를 기록으로 남긴다는 것, 즉 자서전을 쓴다는 것은 그리 쉬운 일이 아닙니다. 흠결이 있어 비난과 원성의 과거가 있다면 걸어온 모습을 떳떳하게 보이기가 어려울 겁니다. 이 책의 작가 홍원길 도의원이 용기 있게 책을 집필한 것은 김포 시민의 곁에서 함께 걸어온 길이 자신 있고 자랑스러웠기 때문일 것입니다.

작가 홍원길은 김포 사우리 농촌에서 태어나 장릉산의 정기를 받아 과용하지 않고 분수에 맞게 자라면서 자기 고장을 지켜온 일꾼으로 성장했습니다. 서울과 근접한 곳이기에 대도시로 떠날 수 있었지만, 고향을 버리지 않고 김포를 사랑하고 지키는 마음으로 각종 활동을 해왔습니다. 학교운영위원회 위원으로, "잘살아보자"는 구호 아래 새마을지도자로, 의용소방대원으로, 십시일반의 진정성이 담긴 장학회 운영 등으로 지역사회 발전을 위해 힘써 왔습니다. 시민들로부터 성실함과 능력을 인정받아 김포시 시의원을 시작으로 경기도의원으로 시민들의 대변자로서 활동하고 있는 홍원길은, 김포의 현재와 미래를 밝혀줄 이 시대에 꼭 필요한 일꾼입니다. 그의 성실한 활동과 미래 비전을 밝힌 책 《홍원길의 한 길》을 김포 시민들에게 추천합니다.

추천사

국민의힘 경기도당위원장·국회의원
김선교

안녕하십니까? 국민의힘 경기도당위원장, 여주·양평 국회의원 김선교입니다. 김포의 흙과 바람 그리고 시민의 숨결을 고스란히 담아낸 홍원길 경기도의원의 저서 《홍원길의 한 길》 출간을 진심으로 축하드립니다.

제가 정치 현장에서 수많은 사람을 만나 보았지만, 홍원길 의원만큼 '우직하다'는 표현이 잘 어울리는 사람은 흔치 않습니다. 이 책은 단순히 한 정치인의 이력을 나열한 기록이 아닙니다. 사우동의 평범한 소년이 김포의 미래를 책임지는 도의원이 되기까지, 오직 '진심' 하나로 버텨온 한 남자의 뜨거운 인생 고백이자 김포를 향한 절절한 연애편지입니다.

홍 의원은 일찍이 채소 장사를 하며 '주경야독'의 가치를 몸소 실천한 사람입니다. 새벽 공기를 마시며 치열하게 삶을 일궈본 사람만이 서민의 애환을 압니다. 그가 책에서 밝힌 "시의원은 정치인이 아니라 주민의 심부름꾼"이라는 철학은, 제가 평소 의정 활동의 신조로 삼는 '현장 중심, 민생 우선'의 가치와 완벽하게 궤를 같이하고 있습니다.

그는 김포가 키워낸 보물입니다. 잠실 아파트보다 김포의 논밭이 더 좋았다는 그의 고백에서, 20여 년간 의용소방대와 새마을지도자로 활동하며 지역 구석구석을 누빈 발자취에서 우리는 '진짜 토박이'의 자부심을 읽을 수 있습니다. 학교 현장의 과밀학급 문제부터 소상공인의 먹고사는 문제, 그리고 사라져가는 김포의 전통 소리를 지키는 일까지 그의 시선이 닿지 않은 곳이 없습니다.

특히 이번 저서의 백미인 5장 '내일의 김포, 희망 프로젝트'를 보며 깊은 감명을 받았습니다. 풍무119안전센터 건립에 대한 집념과 '김포 2035'를 그리는 정책적 혜안은, 홍 의원이 이제 김포의 오늘을 지키는 단계를 넘어 내일을 설계하는 지도자로 우뚝 섰음을 보여줍니다.

'길이 없으면 길을 만들며 간다'는 정신으로 묵묵히 한 길을 걸어온 홍원길 의원. 그의 투박하지만 단단한 손등에는 김포시민과 함께 울고 웃었던 세월의 훈장이 새겨져 있습니다. 이 책을 읽는 모든 분이 홍 의원의 진정성을 확인하고, 그가 꿈꾸는 '희망 김포'의 여정에 기꺼이 동행해 주시리라 확신합니다. 김포의 진심을 품고 묵묵히 걷는 '진짜 일꾼' 홍원길을 응원합니다.

홍 의원님, 참으로 수고 많으셨습니다. 당신이 걷는 그 고귀한 '한 길'을 저 김선교도 변치 않는 동지애로 늘 곁에서 응원하겠습니다. 진심으로 출판을 축하드립니다.

추천사

경기도의회 국민의힘 대표의원
백현종

정치는 직함으로 완성되는 것이 아니라 얼마나 오래 같은 자리에서 같은 마음으로 서 있었는가로 평가받는다고 생각합니다. 《홍원길의 한 길》은 그 질문에 대한 조용하지만 분명한 대답입니다.

홍원길 의원은 김포에서 나고 자라 김포를 떠나지 않은 사람입니다. 지역의 변화와 아픔, 기쁨을 생활 속에서 함께 겪으며 정치를 삶의 연장선으로 선택해온 정치인입니다. 이웃과 함께하는 자리, 주민의 목소리가 오가는 현장이 언제나 그의 정치의 출발점이었습니다.

그의 정치 여정은 늘 '옆에 서는 일'이었습니다. 앞서기보다 함께 가고, 말하기보다 먼저 듣는 태도는 오랜 시간 주민들의 신뢰로 쌓여 왔습니다. 그래서 홍원길 의원의 정치는 거창한 구호보다 현장에서 고개를 끄덕이게 만드는 설득력을 가집니다.

정치가 특별한 누군가의 일이 아니라 이웃을 위해 맡은 역할이라는 사실을 홍원길 의원은 자신의 삶으로 증명해 왔습니다. 《홍원길의 한 길》은 김포시민의 곁에서 묵묵히 걸어온 시간의 기록이며 지역 정치가 어떤 방향을 향해야 하는지를 보여주는 이야기입니다.

앞으로도 홍원길 의원의 한 길이 김포의 오늘을 지키고 내일의 희망으로 이어지기를 기대합니다.

프롤로그

한 길로 김포를 지켜온 토박이의 고백

사랑하는 우리 김포시민 여러분! 안녕하십니까?

경기도의회 의원 홍원길(국민의힘, 김포1)입니다.

2026년 병오년 새해를 맞아, 이 한 권의 책과 함께 여러분께 인사를 드리게 되었습니다.

우리 김포시민 여러분과의 뜻깊은 만남을 이 책으로 시작할 수 있게 되어 감사한 마음이 큽니다.

누구나 지나온 삶을 돌아보면 아쉬움과 후회가 남기 마련입니다. 65년을 살아온 저 역시 다르지 않을 것입니다. 다만, 김포에서 나고 자라 김포 토박이이자 김포시민으로 살아왔다는 사실만큼은 제 인생에서 더없는 영광이자 자부심이었습니다.

청년 시절 학업과 직장생활로 김포를 잠시 떠나 있었던 시간도 있었지만, 그때조차 제 마음 한켠에는 늘 '김포사람'이라는 이름이 자리하고 있었습니다. 다시 김포에 정착해 선후배와 친구, 이웃과 함께 살아온 지금의 시간은 제게는 더없이 큰 선물입니다. 특히, 지난 8년간 김포시민의 목소리를 모아 김포시의회와 경기도의회에서 일해온 시간은 감사함과 책임감을 동시에 느끼게 한 소중한 여정이었습니다.

우리 김포시민 여러분께서는 그저 이웃 '홍원길'을 믿고 김포를 지키는 '김포 파수꾼' 역할을 맡겨 주셨습니다. 그것은 어떤 조건도 없는 신뢰였고 무거운 기대였습니다. 저는 정치인이기보다 김포시민의 한 사람으로서 오로지 김포를 위해 일하며 이 길을 걸어 왔습니다. 제 이름 석 자에 담긴 뜻처럼 '홍원길은 시민이 원하는 길로 간다'는 다짐을 지키고자 노력해 왔습니다.

제가 가야 할 방향은 언제나 시민 여러분이 바라보는 곳이어야 한다는 마음으로 시의원으로, 도의원으로 일해왔다고 자부합니다.

존경하는 우리 김포시민 여러분!

김포시는 시 승격 이후 지난 28년간 도농복합도시에서 도시로의 큰 전환을 이루어 왔습니다. 서울 인접 지역이라는 여건 속에서도 자연과 조화를 이루며 반듯하게 성장해 왔습니다. 그러나 교육, 교통, 문화 등 생활 인프라는 여전히 완성의 과정에 있으며 그만큼 성장통 또한 함께하고 있습니다.

이제는 누군가가 이 변화를 책임지고 100년 뒤에도 안전하고 살기 좋은 김포를 위해 나서야 할 시점입니다. 개인의 정치적 욕망이 아닌, 김포의 미래를 자신의 삶과 함께 걸어갈 각오를 지닌 사람이 필요합니다. 저는 김포에 뿌리를 두고 김포와 함께 살아갈 지역활동가로서 그 책임을 기꺼이 감당하고자 합니다.

이 책에는 김포 토박이로 성장해온 저의 이야기와 청년 시절의 도전, 시민과 함께한 지역사회 활동, 시의원과 도의원으로서 걸어온 시간 그리고 김포의 내일을 위한 고민과 방향을 솔직하게 담았습니다.

김포의 미래를 위해, '초지일관(初志一貫), 시민이 원하는 길로 가는 홍원길'이라는 믿음으로 더욱 열심히 일할 수 있도록 응원해 주신다면 남은 열정과 체력을 모두 김포를 위해 쏟아붓겠습니다. 지금까지 그래왔듯, 앞으로도 여러분의 이웃이자 친구로서 곁에서 함께 걷는 홍원길이 되겠습니다.

감사합니다.

2026년 2월

경기도의회 의원 홍원길

차례

1

*

진짜 김포 토박이, 홍원길 이야기

장릉산 너머 저녁노을에 취하던 사우리 소년

인생 나침반을 쥐여주신 부모님

뒤늦게 깨달은 배움의 가치

두 분의 스승

채소 장사 청년의 주경야독

패기 넘치는 신입사원

신뢰받는 불굴의 베테랑 영업자

*

김포 땅을 벗어난 적이 없는 아버지로서는 읍내에 들어서면 모르는 이가 없을 만큼 모든 것을 손바닥으로 들여다볼 수 있는 토박이가 아니던가. 그러니 사촌기 아들의 일상이 불을 보듯 눈에 뻔한 것이었을 듯싶다. 그래서일까. 하루는 등교하는 나를 불러 세우더니 마치 경고를 하듯이 무겁게 말씀하셨다.

"원길아! 너 '홍준호 아들이 사고 쳤다'는 소리는 애비 귀에 들리지 않게 해라. 읍내서 내 이름이 구설수에 오르는 날은 학교고 뭐고 다 끝나는 줄 알아라."

장릉산 너머 저녁노을에 취하던 사우리 소년

가을 오후 들판 위로 햇살이 쏟아져 내리면서 벼 잎새와 낱알들이 누런색으로 반짝이고 있었다. 바람이 불면 황금 물결이 따로 없어 보였다. 서쪽으로 장릉산 너머 붉게 물들어가는 저녁노을이 그저 신비롭기만 했다. 저곳에는 대체 무엇이 있을까, 또 어떤 이들이 살고 있을까를 생각하며 내가 마치 동화 속 세상에 서 있는 것만 같았다.

열두 살 소년의 감성이 뭐 그리 깊었으랴만 지금도 그 광경이 생생하다. 초등학교 시절 바라보며 느꼈던 고향 땅 김포평야는 풍요로운 아름다움으로 한 폭의 수채화처럼 내 기억 속에 선명하게 남아 있다.

부모님이 베어놓은 벼를 단으로 묶고 그것을 다시 길게

• 첫돌 기념사진.

줄지어 세워놓았다. 어린 마음에도 내가 도와 드려야겠다는 생각이 들었던 걸까. 토요일 오후나 일요일이면 논으로 달려가 농사일을 돕곤 했다. 그런데 마음을 다져 먹고 들로 나설 때의 각오는 시간이 흐르면 조금씩 흐릿해졌다. 내 속마음 한편에서는 빨리 해가 지기를 기다렸다. 그래야만 부모님은 하던 일을 멈추고 귀가를 서둘렀으니까. 그런 와중에도 서쪽 하늘에 걸린 저녁노을을 바라보곤 했다. 그 장관에 한참 동안 빠져들었다.

뼛속부터 김포 토박이인 내가 태어난 곳은 김포군 김포면 사우리 111번지이다. 지금의 사우아이파크아파트 일대이다. 농촌 마을이 근린생활권 상가주택 단지로 변모한 것이다. 이곳은 본래 연안 이씨 집성촌이었다. 남양 홍씨 자손인 우리 조상들은 김포 옹정리에서 수백 년간 집성촌을 이루며 살았는데, 고조할아버지부터 이 마을로 이주해 살았다. 그래서 동네에 일가친척도 여러 집 있었다. 우리 집은 내로라하는 부농은 아니었지만, 쌀 주산지였던 김포 땅에서 3,000여 평의 자가 농지와 2,000여 평의 임대 농지에서 벼를 재배하는 농가였다.

이렇다 할 평지풍파 없이 원만하게 유년 시절을 보냈다. 부모님이 농사를 짓느라 고생하시긴 했지만, 아래로 남동생과 여동생과 함께 다섯 식구가 화목하게 지냈다. 장남이라는 위치를 나름 일찌감치 깨달았는지 초등학교 시절부터 틈틈이 농사를 거들었고 동생들에게는 믿음직한 형이자 오빠가 되고자 했다.

세월이 참 많이 흘렀건만 나이 육십이 넘은 여동생은 지금도 종종 말하곤 한다.

"나는 우리 어릴 때 오빠가 만들어준 김치볶음밥이 제일 맛있었어요. 지금도 그 맛을 잊을 수가 없을 정도이니까. 그

때 소시지나 고기를 넣었던 것도 아닌데 왜 그리도 맛있었는지 몰라요."

김치볶음밥을 만들어준 나는 정작 기억이 흐릿흐릿하지만, 동생들은 흘러간 옛 시절을 마치 드라마의 한 장면처럼 아주 세세하게 기억하고 있다. 당시 집에는 연탄통이 있었는데, 밤에는 이것을 아궁이에 밀어넣어 난방용으로 사용했고, 밥을 짓거나 음식을 할 때는 화덕으로 이용했었다. 부모님이 외출하신 날이면 점심때 그 화덕을 빼내어 위에 프라이팬을 올려놓고 들기름을 두른 후 김치를 썰어서 볶다가 찬밥을 얹어서 김치볶음밥을 만들어 주었는데, 정말 꿀맛이 따로 없었단다.

그나마 다행이다 싶다. 개구쟁이 시절에도 동생들 밥까지 챙겨 먹이는 나름 든든한 맏이였다니 말이다. 나 스스로에게도 감사한 일이다. 행여라도 동생들에게 마음의 상처라도 준 일이 있어서 지금도 그게 트라우마로 남아 있다면 슬프겠지만, 그 반대였다고 하니 행복하다.

어느 정도 규모의 벼농사를 짓고 있었던 만큼 배고팠던 기억은 없다. 되레 그 반대였다. 잊을만하면 초등학교 친구가 소환하는 얘깃거리 하나가 있다.

• 김포국민학교 졸업.

"원길아! 그때 정말 고마웠다. 나는 네가 싸 온 계란프라이가 올려진 쌀밥 도시락이 정말 부러웠거든. 그런데 네가 그걸 내 빵과 바꿔 먹었으니까. 그런 날은 얼마나 행복했는지 몰라. 정말 고마운 그 시절이 그립네."

아마 그때 나는 경제적으로 어려운 친구들이 학교에서 점심용으로 지급받던 빵이 도시락보다 맛있었기에 바꿔 먹었던 것 같다. 그런데 친구는 그 일을 고맙게 기억하며 잊을 수 없다고 하니 내심 찔리기도 한다. 하지만 아주 오랜 일이니 정확히 알 수는 없다. 내가 속이 깊어 우정으로 한 일인지 아니면 어린 마음에 날마다 먹는 밥보다는 빵이 더 좋아서 선택한 일인지는.

인생 나침반을 쥐여주신 부모님

"가장 존경하는 인물이 누구입니까?"

10대와 청년 시절은 물론이고 나이가 지긋이 들어서도 계속 받는 질문 중 하나일 것이다. 누군가는 그때그때 존경하는 인물이 달라지기도 할 테지만, 대다수가 역사 속의 인물이나 철학자, 기업인, 스승 등 저마다 가슴속에 숨겨둔 자신만의 영웅을 말할 것이다.

어렸을 적엔 나 또한 이 질문에 여느 사람들과 별다른 바 없이 답하곤 했다. 그런데 이십 대 중반 이후부터 지금까지 사십여 년간 이런 질문을 받을 때면 한결같이 대답한다.

"부모님입니다."

부모님을 존경하지 않는 사람은 없을 터이니, 아마도 저마다 우러러본 인물을 존경하는 인물로 꼽을 터이지만 나는 아니다. 오로지 우리 부모님이다. 아버지와 어머니 두 분 모두 초등학교만 졸업했지만, 나에겐 가장 존경하는 인물 공동 1위다. 학력이나 직위로 따지자면 딱히 내세울 건 없었지만 두 분의 가르침이 내 인생의 나침반이 되었기에 그렇다. 물론, 두 분이 자식들에게 아낌없는 희생을 다 하는 모습에도 영향을 받았다.

내가 살던 사우리는 김포읍 중심가로부터 불과 도보로 십여 분 거리에 있던 읍내 외곽의 마을이었기에 200여 가구에 달하는 농가들이 큰 부락을 이루고 있었다. 1973년, 올망졸망한 남자아이들 열네 명이 김포중·종합고등학교(현 김포과학기술고등학교)에 동시에 입학했다.

이제 막 처음으로 중학교 교복이라는 제복을 입은 사내 녀석들로서는 나름 아이에서 남자로 성장하는 길에 들어섰다는 생각에 우쭐대기도 하고 힘을 과시하고 싶은 생각이 없지 않았을 터이다. 이들은 등교 시간이 되면 동네 어귀로 하나둘씩 몰려들었고 저마다 새로운 환경에서 마주한 선생님, 반 아이들, 선배들 얘기들을 주고받으며 방과 후엔 읍내에서

• 김포종합고등학교 입학식.

무엇을 할까 하는 계략(?)을 짜기에 바빴다.

김포초등학교 25년 선배로서 김포 읍내에서 학창시절을 보냈고 김포 땅을 벗어난 적이 없는 아버지로서는 읍내에 들어서면 모르는 이가 없을 만큼 모든 것을 손바닥으로 들여다볼 수 있는 토박이가 아니던가. 그러니 사춘기 아들의 일상이 불을 보듯 눈에 뻔했으리라. 그래서일까. 하루는 등교하는 나를 불러 세우더니 마치 경고를 하듯이 무겁게 말씀하셨다.

"원길아! 너 '홍준호 아들이 사고 쳤다'는 소리는 아비 귀에 들리지 않게 해라. 읍내서 내 이름이 구설수에 오르는 날은 학교고 뭐고 다 끝나는 줄 알아라."

아버지의 묵직한 이 말에 나는 잔뜩 긴장하지 않을 수 없었다. 그런데 참 이상했다. 나쁜 행동으로 자식이 잘못되면 안 된다는 걱정보다는 당신의 이름, 즉 체면을 더 강조하는 소리로 들렸다. 그때는 그랬다. 어찌 됐든 공표하듯이 에둘러서 내린 그 명령의 힘 덕분인지 중고교시절 문제 될 만한 큰일은 저지르지 않고 무사히 중고등학교를 마칠 수 있었다.

스무 살이 되어 사회에 나간 후로 "홍준호 아들이 사고쳤다"는 말이 나오지 않도록 살아야겠다는 다짐은 마치 내가 지켜야 할 삶의 자세 제1조처럼 되었다. 왜 그런지 이유는 나도 잘 모르겠다.

또 나이가 들수록 아버지의 그 말씀은 내가 무슨 일을 하든, 어느 조직에 몸담고 있든 내 이름 '원길'답게 한 길로 원하는 길을 걸어가도록 하는 길잡이가 되었다. 나름 '내 이름값을 하고 살아야 한다'는 신념으로 승화한 셈이다.

어머니는 여성에게 교육의 기회가 주어지는 것이 아주 드물고 특별한 일로 여겨졌던 1940년대에 학창시절을 보내셨다. 초졸이 학력의 전부인 것은 너무나 당연했다. 성품이 온화하고 내성적이었던 당신은 못다 한 공부의 한을 자식들에게 풀고 싶었을지언정 입 밖으로 '공부해라'라고 강요하거나 맏아들을 향한 기대를 겉으로 드러내지는 않았다. 다만 내가 10대일 때도 20대일 때도 종종 같은 말을 하셨다.

"올려다보고 살지 마라. 그러다 보면 욕심이 한도 끝도 없단다."

살아보니 명언이자 지혜로운 가르침이었다. 65년 인생을 살아오는 동안 허황된 꿈 꾸지 않고 많이 가진 자와 높은 자리에 앉아 있는 자를 부러워하지 않고 나의 길을 묵묵히 걸어올 수 있도록 안내한 가장 아름답고 소중한 메시지였다. 그 누구의 어떤 말보다도 값졌다.

아버지는 이미 오래전 떠나시고 어머님은 여전히 김포에 살아계신다. 부디 오래오래 건강하게 우리 형제들 곁에 계시길 바랄 따름이다.

뒤늦게 깨달은 배움의 가치

20대 시절 가장 잘한 선택 중 하나를 꼽는다면 바로 '전투경찰'이 된 것이다. 누군가에게는 민주화 시위현장에서 무장한 모습으로 대치하던 불편한 청년(?)으로 기억될 수도 있겠으나, 33개월 몸담았던 그 시절이야말로 내 인생의 터닝 포인트를 만들어준 계기가 되었다. 그러니 내 삶에서는 결코 가볍게 여길 수 없는 시절임이 틀림없다.

1979년 2월, 고등학교를 졸업한 후 무엇을 해야 할까 막연하게 궁리만 하던 이른 봄이었다. 동네 친구 중 한 명이 졸업과 동시에 강서구 가양동 옛 인공폭포가 있던 자리 인근의 공장에 취업했다. 그의 추천으로 동네 친구 다섯 명이 동시에 그 회사에 들어가 직장생활 첫발을 들여놓았다. 딱히 어떤 목표를 세우고 취업한 것이 아니었다. 입대 전까지 임시 방편으로 밥벌이나 하겠다고 들어간 회사였다.

유년 시절부터 한 동네에서 함께 커온 친구들과 함께 일했기에 생산현장에서의 고됨도 웃고 떠드는 사이에 녹아버리는 시간이었다. 다만 입사한 지 서너 달 됐을 무렵 예기치 못한 난관에 봉착했다. 그 공장은 제품 포장지에 사용하는 인쇄용 잉크를 제조했는데, 우리가 맡았던 작업은 잉크 소재의 분말과 화학약품을 물에 혼합하는 일이었다.

처음에는 콧속으로 들어오는 고약한 냄새를 그러려니 하고 넘어갔다. '약품이니까 당연히 냄새가 나겠지, 뭐' 하고 여긴 것이다. 그러나 시간이 흐를수록 몸 어딘가에서 이상한 기운이 돌기 시작했다. 기분도 이상해졌다. 나와 친구들은 하나같이 오후가 되면 몸이 유연해지는 듯한 느낌 속에서 자신도 모르게 유행가를 흥얼거리고 있었다. 유해 화학성분에 노출되어 이상 증상을 보인 것이다. 이미 오전부터 그런 증세를 드러내는 친구도 있었다.

어느 순간 정신이 번쩍 들었다. 무엇보다 건강에 큰 문제를 초래할 수 있는데다 그 어떤 비전도 찾을 수 없었기에 더 이상 이곳에 있어서는 안 되겠다는 결론을 내렸다.

그 무렵 내가 최우선으로 해야 할 일은 새로운 일터를 찾는 게 아니라 병역 문제부터 빨리 해결하는 것이었다. 그것

• 전투경찰로 복무하던 시절. 이때의 결단이 인생을 변화시켰다.

이 현명한 길이었다. 김포는 지역 특성상 군 복무처가 방위병(1969년 4월 5일부터 1996년 6월 25일까지 존재했던 병역제도로 보충역이지만 군인 신분) 아니면 해병대 지원 입대로 제한적이었으나, 나에게는 둘 다 끌리지 않았다. 체력 및 면접시험을 봐야 하긴 했지만, 전투경찰로 군 복무를 마치기로 방향을 잡았다.

전투경찰은 본래 임무가 대간첩작전 수행과 치안업무의 보조였지만, 1980년대에는 사회 혼란 및 노동운동과 학생운동의 확산으로 시위진압에 주로 투입되었다. 내가 입대한 시점이 1980년 상반기였으니 그 변화의 분기점이었다. 나는 시험 선발 마지막 기수였는데, 그야말로 단순 무식하게 무작정 시험에 응시했고, 흔히 말하는 '전경'이 됐다.

시간이 흐르면서 나도 중간 선임병이 되었고 후임병들이 들어왔다. 그 무렵 나에게 인생의 근본적인 질문에 스스로 진지하게 답해야 하는 순간이 찾아왔다. 있어서는 안 될 일이지만 당시 군이나 전경 집단에서는 구타가 성행했다. 나 또한 고참병들로부터 이유 없이 맞는 일이 비일비재했다. 후임병들이 들어오자 '군기 강화'라는 미명 아래 내가 구타를 해야 하는 위치가 되었다. 이때 문득 이런 의문이 들었다.

'부의 대물림도 아닌 구타의 대물림을 나도 이어가야 한

단 말인가?'

여기에는 그럴만한 동기도 있었다. 당시 전투경찰의 80%가 대학을 다니다 휴학하고 입대한 청년들이었다. 그들은 캠퍼스에서 소통하던 경제용어, 영어, 약어 등 그들만의 언어로 대화를 주고받았다. 대학 문화도 모르고 대학 얘기나 어려운 말에는 영 익숙하지 않은 나로서는 그들의 대화에 끼어들 수도 없었다. 마치 낯선 땅을 찾아간 이방인처럼 느껴졌다.

또 다른 동기도 있었다. 도시건축학과 학생이었던 어떤 후임병은 휴식시간이면 종이 위에 도면을 그렸고 영문과 출신의 또 다른 후임병은 틈만 나면 영어 회화 공부를 했다. 그들은 앞으로 자신들이 가야 할 길을 걷기 위한 준비를 하고 있었던 데 반해 나는 일일여삼추(一日如三秋)의 심정으로 그저 전역일만 기다리며 시간을 잡아먹고 있을 뿐이었다.

선임병이지만 지식적인 면에서 나는 그들보다 부족하고 미래가 불투명한 젊은 사람이라는 것을 자각하고 자성했다. 이와 동시에 폭력은 그 어떤 이유로든 정당성을 인정받을 수 없다는 쪽으로 생각이 기울어졌다. 깊이 고민한 끝에 구타를 하지 않겠다고 결심했다. 그리고 나 자신의 인생을 조망하며 질문을 던졌다.

• 전투경찰로 복무하며 후임들을 보며 배움의 가치에 눈떴다.

‘나는 누구인가? 대학교육은 왜 필요한 건가? 어떻게 인생을 살 것인가?’

김포 사우리에서 살아온 나의 23년은 한낱 우물 안 개구리 삶이었음을 자인할 수밖에 없었다. 1982년 12월 전역과 동시에 나는 대학교 진학을 결심했다. 그리고 부모님께 말씀드렸다.

“저 대학 진학을 위한 공부를 해보겠습니다.”

두 분의 스승

1994년 5월부터 2010년 5월까지 무려 16년 동안 공중파방송에서 장수 프로그램으로 인기를 얻은 〈TV는 사랑을 싣고〉라는 예능 프로그램이 있었다. 유명인이나 연예인들이 만나고 싶어 하는 추억 속의 그리운 얼굴들을 찾아주면서 오랜 과거 속 사연으로 웃음을 자아내거나 만남의 감동으로 눈물바다를 만들어주곤 했다. 어쩌다 그 프로그램을 시청할 때면 내게도 떠오르는 두 분의 선생님이 있었다. 중고등학교 시절로 올라가 그때의 기억 속에 또렷하게 자리한 그분들과의 일화를 더듬어보노라면 웃음이 저절로 나오면서 그리움이 솟구친다.

김포중학교 2학년 홍원길은 성격 좋고 친구는 많았지만

공부에는 그다지 흥미가 없는 소년이었다. 그나마 초등학교 때 주산으로 쌓은 기초 실력이 수학에 대한 관심으로 이어진 정도였다고나 할까. 그러니 공부 잘하는 아이들만 인정을 받던 당시의 학교 분위기에서 선생님들로부터 주목받는 학생이 되는 것은 일찌감치 기대하기 어려운 일이었다.

어느 날 청소시간이었다. 콧노래를 흥얼거리며 창문을 닦고 있는데 갑자기 담임선생님이 나타났다. 선생님은 내 손등에 손가락을 얹으면서 훈계나 명령투가 아닌 다정다감한 목소리로 말씀하셨다.

"원길이는 책을 많이 읽으면 좋을 것 같은데. 학교 도서관에 책이 많으니까 원길이 졸업할 때까지 읽어도 충분할 거야. 책 읽고 일기도 쓰면 좋을 것 같아."

사범대를 졸업하고 갓 부임한 20대 중반의 김재숙 선생님은 그야말로 천사 같아서 얼굴을 들고 똑바로 보는 것조차 힘들 정도로 아름다운 분이었다. 사춘기 소년의 가슴을 두근두근 뛰게 하는 그분이 존재감 없었던 내게 독서와 일기 쓰기를 권유하다니…. 참으로 알 수 없는 노릇이었지만 왠지 모를 행복감에 빠져들었다. 선생님으로부터 관심받는 제자가 되었다는 것은 '칭찬은 고래도 춤추게 한다'는 말뜻처럼

• 김포종합고등학교 재학 중 소풍을 갔다가 찍은 사진.

기분을 상승시켜 주는 묘약이 됐다.

그날부터 매주 한 권씩 책을 읽기 시작했다. 선생님은 내가 독서를 즐기기 시작한 것을 눈치채셨던 것 같다. 복도나 교실에서 마주칠 때면 무슨 책을 읽었는지, 어떤 느낌이나 감동이 남았는지 물어보시곤 하셨다.

그해 가을이었다. 며칠간 건강상의 이유로 선생님이 학교에 나오지 못하셨는데, 안부가 궁금해 잠을 못 이룰 정도였다. 그렇게 나를 아껴주는 선생님이 아프다는데 가만히 있을 수 없다는 생각에 놀라운 시도를 감행했다.

일요일 오후, '서울시 종로구 ○○동 ○○번지' 선생님댁 주소가 적힌 쪽지만 갖고 혼자서, 무작정 신촌으로 가는 직행버스에 올라탔다. 그리고 시내버스로 갈아타며 마침내 종로 골목에 있는 선생님 집까지 찾아갔다. 난생처음 혼자 서울에 갔지만 두려움도 걱정도 없었다. 오로지 선생님 안부만 걱정될 따름이었다. 환한 미소로 반갑게 맞이해준 선생님의 온기에 그날 소년은 세상 모든 것을 가진 양 무엇 하나 부러울 게 없었다.

그렇게 좋아하고 따르던 선생님이었건만 3학년이 되어 다른 담임선생님을 만나고 고등학교에 진학하면서 내 마음속에서 희미한 그림자가 되어갔다. 물론 대학을 졸업하고 사회에 나온 다음에는 그 시절 독서와 일기 쓰기를 권유했던 스승의 제자 사랑을 절절히 깨달았다. 그 가르침은 한 소년의 정서 함양과 감성 변화에 지대한 영향을 끼쳤다. 이를 새삼 느끼자 감사함이 우러났다.

지금이라도 기회가 된다면 꼭 만나고 싶은 또 한 분의 스승은 고3 때 담임이었던 권선우 선생님이다. 대학 진학을 위해 한창 공부를 해야 하는 고3이었지만 내 머릿속엔 '대학'이라는 두 글자가 아예 없었다. 원대한 목표도 먼 미래에 대한 설계도 없었고 그저 졸업하면 군대 갔다 와서 취직하거나 아버지 농사나 거들겠다는 가벼운 밑그림뿐이었다. 한마디로 단순했고 생각은 짧았다.

1학기 중간고사가 끝난 날이었다. 종례 후 선생님께서 딱 한 마디 하셨다. "홍원길! 너 남아." 무슨 이유로 남았는지조차도 모른 채 텅 빈 교실에 우두커니 앉아 기다렸다. 선생님이 들어오셨다. 그리고 느닷없이 칠판을 잡고 엎드리란다. 내가 엎드리자 청소도구인 봉 걸레 자루로 엉덩이를 사정없이 내리쳤다. 나무 자루였으니 쉽게 부러졌다. 두 개가 부러지고 세 번째 자루를 찾아와 때리려고 할 때다. 나는 아픈 것은 차치하더라도 선생님이 갑자기 매질하는 이유가 궁금했다. 나는 따지듯 물었다. "도대체 제가 뭘 잘못했기에 때리는 겁니까?"

"공부를 해야 할 놈이 왜 공부를 안 하는 거야. 앞으로 인생을 어떻게 살려고 그러냔 말이다."

지금은 아무리 제자를 사랑하는 마음에서 비롯되었다 할

지라도 체벌은 결코 용납되지 않는다. 하지만 그 시절엔 사랑이 매로 전달되는 식이었다. 그러면 그 일 이후 내가 달라졌을까? 그 일이 벌어진 후로도 나에게 입시공부는 사돈의 팔촌이나 다름없이 느껴졌다.

선생님을 다시 만난 것은 그로부터 4년 뒤였다. 전투경찰로 복무하면서 나름 깨달음을 얻고 제대 후 대학 진학을 결심했던 터였다. 하루 서너 시간만 자면서 독서실에서 책과 씨름을 하며 입시공부를 하고 있었다.

그 당시엔 학력고사에 20점이 배점되는 체력장 시험이 있었다. 나도 체력장 때문에 모교인 김포종합고등학교에 갔다. 그곳에서 선생님을 다시 만났다. 내가 반갑게 인사를 했지만, 선생님은 시큰둥했다. "너도 시험 보냐?"라고 말씀하셨다. 내가 체력장을 치르러 온 것이 뜻밖이라는 식이었다. 그때 선생님의 심정은 충분히 이해할 만하다. 노력하면 대학에 갈 수 있는데도 아무 생각 없이 손 놓고 있는 고3 제자가 안타까워서 매까지 들었는데, 그래도 아무 소용이 없었으니 그 실망감이 얼마나 컸을까.

뒤늦게 정신을 차리고 8개월 동안 준비한 대입 학력고사의 결과는 내 눈으로 봐도 좀 놀라웠다. 명문대는 아니어도 서울에 있는 4년제 대학교에 들어갈 수 있는 점수였다. 그 무렵의 제도로는 입학원서를 쓰려면 모교를 찾아가 담임교사나 입시 담당 교사와 상담을 거친 후 교사가 허락을 해야 희망하는 학교와 학과에 원서를 낼 수 있었다. 권선우 선생님이 학교에 안 계시면 나는 낯모르는 다른 선생님의 도움을 받아야 했지만, 그분이 여전히 고3 담임으로 재직 중이셨기에 다시 선생님을 뵙게 되었다.

물론 내게는 다행스러운 일이었다. 점수를 보고 선생님도 놀라워하셨다. 다만 문제가 생겼다. 나는 야간대학을 가기로 작정했는데, 서울 소재 4년제 대학교 중엔 야간이 많이 없었다. 지방의 대학교를 진학하거나 전문대학을 선택하는 게 빠른 길이었다. 사실 당시 나는 대학교에 대한 세세한 입시정보도 제대로 알지 못하고 있던 터였다. 선생님은 고민 끝에 높은 학력고사 점수와 학교 위치, 앞으로의 비전 등을 고려하여 경기대학교 서울캠퍼스 경영학과를 추천해 주셨다.

그로부터 세월이 참 많이 흘렀다. 진즉에 두 선생님을 찾아뵈었어야 했는데 그렇게 하지 못한 내가 부끄러울 따름이다. 인생을 살아보면 안다. 혼자서 좌충우돌하며 목표지점을 찾아가는 길과 스승이 미리 가르쳐주신 길을 걷는 것은 그 과정과 속도가 다르다는 것을. 그러니 두 분에 대한 감사하는 마음을 더더욱 놓을 수 없다.

• 스승의 날이면 내 인생의 방향 설정을 도와주신 두 분의 선생님이 떠오른다.

"김재숙 선생님! 권선우 선생님!

늘 따뜻하게 대해주신 기억 속에서, 두 분의 건강과 행복이 오래도록 이어지기를 마음 깊이 빌어봅니다."

채소 장사 청년의 주경야독

드디어 나는 경기대 경영학과 84학번 신입생이 됐다. 내 힘으로 돈을 벌어서 학교에 다니겠다고 야무지게 마음을 먹은 이상 취직이 급선무였지만, 이 또한 걸림돌이 되지 않고 순조롭게 풀렸다. 그 시절 이모는 영등포에서 식당에 채소를 공급하는 유통업을 하고 있었는데, 거래처가 늘면서 마침 일손이 부족했던 터였다. 나로서는 일자리와 숙식을 동시에 해결할 수 있는 안성맞춤의 직장을 잡은 셈이다.

이모네 가게는 양남동에 자리해 있었다. 나는 매일 새벽 4시에 일어나 자전거로 20여 분 거리에 있는 청과·채소 도매시장이 밀집한 영등포로 향했다. 전날 저녁 거래처(식당들)로부터 전화로 주문받은 식자재 목록표와 가게에서 직접 판매

할 채소·과일 목록표를 들고 영등포시장과 문래시장 도매점을 돌았다. 배추, 무, 대파, 마늘 등은 물론이고 이런저런 채소와 밑반찬용 식재료까지 구입했다. 신선하고 가격도 좋은 마땅한 물건을 찾느라 두어 시간을 시장 안에서 머물렀다. 재료를 구입하면, 리어카로 양남동 우리 가게까지 운반을 해주던 배송 아저씨들을 불러 배송을 맡겼는데 그 양이 리어카 5대 분량에 달했다.

가게로 돌아온 나는 다시 거래처별로 주문목록에 맞춰 소분한 후 회사 식당으로 배달에 나섰다. 거래처가 10여 곳이나 되었고 식당에서 일하는 분들이 출근하면 곧장 일할 수 있도록 시간을 맞춰야 하므로 짐자전거를 몰고 정신없이 돌아다녀야 했다. 모든 일이 끝나는 시간은 오전 10시 30분. 그제야 나는 잠시 쉬었다가 아침 겸 점심을 먹은 후 씻고 학교로 향했다.

수업은 오후 6시경부터 시작됐다. 영등포에서 충정로까지 한 번에 가는 시내버스를 타면 돌고 돌아가도 40여 분 후면 충정로에 하차했고 가파른 길을 올라 캠퍼스에 도착하면 늘 수업보다 한두 시간 빨랐다. 이른 새벽부터 일했으니 눈꺼풀이 내려앉고 피곤함이 몰려오는 것은 당연했다.

나무 아래 벤치에 누워 가방을 베개 삼아 한숨 곤하게 자다 보면 같은 과 동료들이 깨워주곤 했다. 어떤 날은 깊이 잠

• 채소 장사와 대학생으로 주경야독하던 시절.

들어 제때 깨지 못하고 1교시 수업을 시작한 지 몇십 분 지나서 강의실에 들어가는 일도 있었다. 때로는 더 난감한 일도 생겼다. 너무 고단한 나머지 충정로에서 하차하지 못하고 잠든 채로 종점까지 갔다가 되돌아온 것이다.

학교 수업을 마치고 가게로 돌아오면 밤 열한 시가 훌쩍 넘은 시간이었다. 고양이 세수만 하고 잠자리에 들어도 네 시간을 온전하게 푹 잘 수 없는 형편이었다. 이제 와 되돌아보면 그나마 체력이 왕성하던 청년 시절이었기에 버틸 수 있었다는 생각이 든다. 가끔 몸은 피곤한데도 잠이 오지 않는 날도 있었는데, 이때는 소주를 종이컵으로 한잔 들이키고 잠

들곤 했다. 몇 시간이라도 수면을 취해야 이튿날 새벽에 일어나 일을 할 수 있었으니까.

대학 4년은 비록 몸은 힘들었지만, 자부심이 넘쳐나던 시기였다. 학우들 다수가 회사 직원이나 은행원들로 화이트칼라 직종이었고 나이 또한 나보다 많은 이들이 적지 않았는데, 하나같이 열심히 사는 나를 인정하고 응원해 주었다. 부모님도 자발적으로 주경야독을 택하여 청년기를 열정적으로 보내는 나를 대견하고 자랑스럽게 여기셨다. 그도 그럴 것이 그 시절엔 자식이 대도시의 대학에 가면 땅을 팔고 소를 팔아야만 학비와 생활비를 충당해줄 수 있었다. 그런데 집에 손 한번 벌리지 않고 스스로 알아서 대학교에 다니는 맏아들이 마냥 든든해 보였을 것이다.

이모는 월급을 주는 대신 등록금 고지서를 가져다주면 알아서 내주셨다. 처음 한동안 별도의 용돈은 없었다. 당시 채소 가게에서는 돈 바구니를 달아놓고 물건을 팔면 그곳에 돈을 넣었기에, 교통비나 다른 여비는 알아서 꺼내 쓰라는 게 이모의 말이었다. 나이 차이가 열한 살밖에 나지 않는 젊은 이모였으니 조카인 나를 동생처럼 편하게 여겼나 보다. 하지만 무엇이든 정확한 것을 추구하는 나는 그게 왠지 불편하고 애매하게만 느껴졌다. 목돈인 학비를 책임져 주는데 한 달에 얼마의 용돈을 요구하는 것도 미안한 일 아닌가. 그렇지만 교통비와 하다못해 간식비 정도는 필요했다.

혼자서 속으로만 끙끙 앓다가 이모에게 말했다. 돈 바구니에 있는 돈을 하루에 1,000원씩만 사용하겠노라고 했다. 하루 1,000원이면 나에게 필요한 용돈은 그럭저럭 해결됐다. 학교 식당에서 파는 라면 한 그릇은 300원, 도심에서 파는 자장면 한 그릇은 700원 정도 하던 시절이었으니 1,000원으로 버스 왕복 교통비를 쓰고 나머지는 간식비와 100원짜리 학교 자판기 커피값으로 사용했던 것 같다.

낮엔 일하고 밤엔 학교 수업을 받느라 주말이 아니면 별도로 공부할 시간이 많지 않았다. 그러니 그 시절 내가 공부에 최선을 다했다는 말은 당당하게 할 수 없을 것 같다. 다만 이른 나이에 유통업 현장을 경험하며 돈의 가치와 인간관계의 중요성을 생생하게 깨우치고 인생을 배운 날들이었다. 그래서 40여 년 세월이 흐른 지금까지도 결코 잊을 수 없는 나의 소중한 청년기로 남았다.

패기 넘치는 신입사원

대학 졸업 당시 학과장님은 고마운 분으로 가슴에 남았다. 돌이켜 생각해볼수록 감사한 마음이 절로 든다. 미운털 박힌 제자였건만 그래도 사랑하는 마음으로 본격적인 사회 첫발을 내딛게 도와주셨다.

4학년 졸업반 시절 학과 대표였던 나는 졸업을 몇 달 앞둔 시점에서 취업이 아닌 다른 일로 골치를 썩였다. 학칙상 졸업시험에서 한두 명을 유급시킬 수밖에 없다는 학과 측의 발표 때문이었다. 마른하늘에 날벼락 같은 소리였다. 학과생 다수가 낮엔 직장을 다니고 밤에 공부하면서 4년을 꿋꿋이 버틴 동기들인데 누구는 졸업하고 누구는 1년을 더 다녀야 한다니 당시의 젊은 혈기로는 받아들일 수 없는 일이었다.

학과생들과 회의를 거친 후 시험거부를 결정했다. 단 ROTC(학군사단) 생도 한 명만 예외로 했다. 그는 졸업 후 훈련과 장교복무를 앞둔 특별한 입장이었으므로 시험에 응할 수밖에 없는 상황이었다. 과 대표인 내가 앞장서는 것은 당연한 일이었다. 학과장 사무실을 찾아가 우리의 의사를 밝혔고 시험을 거부했다. 학과 측도 난감하기는 마찬가지였다.

다행스럽게도, 우여곡절 끝에 우리의 뜻이 관철되었다. 하지만 과 대표 '홍원길'을 바라보는 교수님들의 눈길이 고울 수는 없었다. 거기다 취업이라는 불똥이 내 발등에 떨어진 상황이었다. 채소 장사를 하느라 성적이 내세울 만큼 좋지도 않았고 공채시험도 제대로 준비하지 못했으니 걱정하지 않을 수 없는 처지였다.

그러던 어느 날 학과장 교수님이 나를 호출했다. 나는 그동안 잘한 일이 없으니 독 안에 든 쥐 같은 심경으로 찾아뵈었다. 아니나 다를까 교수님 낯빛은 영 불편해 보였다. 그런데 교수님은 의외의 말씀을 하셨다.

"자네 취업해야 하지? 여행사 갈 거야? 아니면 제약회사 가겠는가?"

염치없지만, 다시 없을 절호의 기회를 놓칠 수 없었다. 나

• 제약회사의 영업사원으로 패기 넘치는 직장생활을 시작했다.

는 제약회사에 가고 싶다고 말씀드렸다. 교수님은 한미약품 신입 공채 추천서에 내 이름을 올려주셨다. 엎드려 절을 백 번 해도 부족할 만큼 마음속으로 죄스러우면서도 고마웠다. 서울올림픽이 개최되던 1988년 봄, 나는 학과장님 추천으로 한미약품에 입사했고 연수교육원에서 3개월에 걸친 신입사원 교육을 받았다.

수료 전날 밤 캠프파이어가 진행됐다. 어둠이 내려앉은 야외에서의 파티였다. 취업 관문을 뚫고 드디어 샐러리맨이 됐다는 기쁨에 젖어 동기들과 함께 술잔을 주고받는데 갑자기 회장님과 임원들이 나타났다. 신입사원 격려와 환영을 위해 연수교육원을 찾아온 것이다. 사실 그때까지도 나는 회장님 이름만 알았지, 얼굴은 전혀 모르고 있었다. 동행한 임원 중 한 사람이 '회장님'이라고 말하는 순간에야 그분이 바로 말로만 듣던 임성기 회장임을 알았다.

술기운이었을까, 배짱이 좋았던 걸까? 아니면 타고난 외향적 기질 때문일까? 나는 임원진 테이블 앞으로 다가가서 호기롭게 입을 열었다.

"회장님 기분 좋으시죠? 저도 기분이 좋습니다. 제가 한번 업어드리겠습니다."

얼떨결에 내 등에 업힌 회장님도 기분이 좋았는지 만면에 희색이 돌았고 임원들과 전국에서 축하차 온 영업소장들은 넉살 좋게 회장님을 업고 덩실덩실 춤을 추는 새내기 직원의 모습을 신기한 듯 지켜보았다. 나중에야 알았지만 패기 가득한 나를 두고 영업소장들이 서로 데려가겠다고 다투었단다.

드디어 강남 본사 영업부로 출근을 했다. 약국 영업 담당이기에 종일 약국을 돌면서 신제품 홍보도 하고 수금도 해야 했다. 영업은 사람 좋아하고 밖으로 도는 것을 좋아하는 나에겐 천직이라고 여겨졌다. 하지만 웬걸, 시간이 흐를수록 갈등이 찾아왔다. 한마디로 '내가 이 일을 언제까지 즐기면서 할 수 있을까?' 라는 회의감이 쌓여만 갔다. 이유는 업계의 수금 관행 때문이었다. 당시 약국에서는 현금 받는 장사를 하면서 계속해서 잔금을 남겨 다음 달로 이월시키는 게 다반사였고 그럴수록 회사에서는 영업사원들에게 수금을 쪼아댔다.

이미 학창시절 도매시장에 가서 채소를 구입해 여러 회사 식당으로 납품한 경험이 있는데, 그때는 잔금을 남겨서 결제하는 거래처 때문에 머리가 아픈 적이 없었다. 이건 상도덕이 아니라는 것이 나의 판단이었다. 영업사원을 무시하는 갑질이나 다름없다는 생각에 화가 나고 자존심도 상했다.

입사한 지 1년쯤 됐을 때는 나 혼자만의 갈등의 골도 깊어만 가고 있었다. 마침 그 무렵 임성기 회장의 대학 동기이자 동업자였던 홍병석 회장이 한미약품에서 나와 치실, 칫솔, 치간칫솔 등을 취급하는 ㈜버틀러를 창업했다. 우연의 일치였지만, 약국 영업에서 지쳐 있던 나는 치과병원을 고객으로 하는 홍 회장의 신생 회사로 이직을 결심했다.

신뢰받는
불굴의 베테랑 영업자

이직과 함께 활동무대가 약국에서 치과병원으로 바뀌었다. 1년 조금 넘은 경력이지만, 에너지와 자신감은 넘쳐났다. 내가 좋아하는 영업일을 하면서 약품과는 또 다른 새로운 분야에 도전할 수 있어 즐거웠다.

치과를 찾아가 우리 회사의 칫솔, 치실, 치간칫솔 등을 소개하고 병원 내 일부 공간에 치위생용품을 진열하는 게 주된 업무였다. 치과를 방문하는 고객들이 의사로부터 진료를 받은 후 치아 관리를 위해 현장에 진열된 우리 회사 제품을 사용하도록 유도하는 것이다. 우리 회사 제품은 의사와 간호사들에게 좋은 평가와 호응을 받았다.

회사는 갈수록 성장하고 직원 수도 하루가 다르게 늘어

났다. 신생 기업이 성장하는 모습은 무에서 유를 창조하는 듯한 보람을 안겨주었다. 매출을 발생시키는 원동력은 영업과 마케팅에 있는 만큼, 30대 시절의 젊은 나는 내가 회사 성장의 주역이라는 자부심을 크게 느꼈다. 회사만 크는 게 아니라 나 또한 성장했다. 평사원에서 진급을 거듭하면서 10년 차에 이르렀을 때는 영업소장의 자리까지 올랐다. 그에 편승해 연봉도 올라갔으니 일하는 즐거움과 만족이 더없이 컸다. 그 사이 아내를 만나 결혼도 하여 단란한 보금자리를 꾸리고 신혼의 단꿈에 젖었다.

30대 후반. 원대한 꿈을 이룬 것은 아니었지만 나 자신에게 '그래 잘했어'라는 칭찬 한마디는 해줄 만큼 삶의 만족도가 컸던 시기였다. 10대 시절 내 딴에는 반드시 그러하겠노라고 다짐했던 것이 있었다. 동네 친구가 열네 명이니 공자가 말한 불혹(不惑) 즉 사십이 되었을 때는 모든 면에서 딱 중간인 7명 안쪽에 들어야겠다고 생각했다. 하지만 마흔이 되기 전에 이미 나는 7등 안에 들어와 있었다. 철없던 시절 나 자신과의 약속이라 웃음이 저절로 나오지만 말이다.

다만 영업 베테랑이라는 자존감이 컸던 나에게도 불가항력처럼 여겨지는 과제가 하나 있었다. 내가 맘만 먹으면 어느 치과병원이든지 한두 차례 방문으로 우리 제품의 진열이 기다렸다는 듯이 이루어졌건만, 단 한 곳은 한 달이 넘도록 뚫지 못했다. 서울 모처의 대학병원 내 치과였다.

방문하여 제품을 소개하면서 일찌감치 의사와 간호사로부터는 좋은 제품으로 인정받았고 진열해도 좋겠다는 답을 들은 상태였다. 문제는 구매부서 담당자였다. 납품단가 조율이 여간 어려운 게 아니었다. 그것도 몇십 원이 아닌 고작 몇 원 단위의 금액을 놓고 구매 담당자가 제시한 가격과 우리 회사 납품단가 사이의 간격이 좀처럼 좁혀지지 않았다.

아무리 경력 많은 영업자일지라도 회사가 정한 납품단가를 마음대로 바꿀 수는 없기에, 답답한 가슴만 앓아야 했다. 허구한 날 찾아가 상담을 벌여도 진척이 없었고 시간만 흘러갔다. 십 원도 안 되는 차이를 놓고 서로 양보하지 않는 회사도 병원 구매 담당자도 그저 야속할 따름이었다.

하지만 포기할 수 없었다. 자존심과 사활이 걸린 일이라고 여기고 계속 찾아가 구매 담당자와 미팅을 진행했다. 결국, 두 달 만에 진열해도 좋다는 승낙을 받아냈다. 그때의 희열감이란 그 어떤 형용사로도 표현할 수 없을 정도로 짜릿했다. 이것이 영업직의 남다른 매력이자 만족감의 원천이다.

국내 병원 중 규모와 의술로 손꼽히는 대학병원의 브랜드 파워는 역시 대단했다. 그때까지만 해도 우리 제품은 국립 종합병원인 경찰병원에는 진열되지 않은 상황이었다. 그 대학병원을 뚫어낸 후 경찰병원을 방문해 담당자와 상담하

• 사랑하는 두 딸과 즐거운 한때.

자 한 번의 미팅으로 기분 좋게 계약이 성사되었다.

영업의 핵심은 신뢰다. 제품과 기업에 대한 신뢰와 영업 담당자에 대한 신뢰가 없으면 납품 계약이 이루어지지 않는다. 신뢰는 성실과 약속이 가장 강력한 뿌리로 작용한다. 당시 내가 어떤 모습으로 어떤 방식으로 처음 보는 병원 담당자들을 찾아가 만나서 제품 설명을 하고 설득을 시켰는지에 대한 정확한 기억은 가물가물하다. 다만 '내 사전에 안 되는 것은 없게 하겠다'라는 열정을 불사른 것만은 확실하다.

내로라하는 대형병원까지 뚫은 나의 영업 실력은 자타공인 '넘버 원' 반열에 올랐다. 그 시절은 그야말로 후회 없이 뛰어다닌 나의 화려한 날들(?)로 기억된다.

2

✳

김포 지킴이!
이웃과의 동행 24년

잠실 아파트보다 김포를 사랑한 토박이

학교운영위원회 활동으로 교육에 눈뜨다

새마을지도자, 지역을 넘어 사회 혁신을 추구하다

'함께 함께'의 가치를 만든 의용소방대 활동

십시일반의 진정성이 담긴 일만장학회

✳

되돌아보면 지역사회 활동 초기에 나의 일을 하면서 학교운영위원과 새마을지도자 활동을 하는 것만으로도 적잖게 바빴는데 시간을 더 쪼개며 달려와야 했던 데는 의용소방대원 활동까지 하게 된 것이 한몫을 거들었던 게 사실이다. 하지만 나의 선택이 잘못됐다거나 굳이 하지 않아도 될 일을 했다는 후회는 해본 적 없다. 반대로 참 잘한 일이었다는 셀프 칭찬을 해주고 싶을 정도다.

잠실 아파트보다
김포를 사랑한 토박이

3년 전 우연히 예전에 서울에서 함께 직장을 다녔던 친구와 연락이 닿아 전화 통화를 했다. 그는 내가 서울에 집을 사서 계속 살았으면 몇십억은 벌었을 거라고 안타까워했다. 나는 친구에게 이렇게 대답했다.

"그래도 후회는 없네. 내 의지로 돌아온 것이니까. 나는 돈보다도 고향이 좋아."

내 말을 들은 친구는 자신은 고향에 내려가고 싶어도 못 간다며 오히려 내 처지를 부러워했다.

나는 직장에 다니던 1990년 결혼하면서 직장 가까운 잠

• 지역사회의 일원이자 리더로서 내 역량을 마음껏 발휘할 수 있게 해준 고향 김포를 사랑한다.

실에서 신혼살림을 꾸렸다. 직장생활을 시작한 지 4년이 가까워질 무렵이었으니 당시의 잠실 주공아파트는 마음만 먹으면 은행 융자를 받아 구입할 수도 있었지만 우리는 전세를 고집했다. 이유는 자명했다. 내가 다시 돌아갈 곳은 부모님이 계시고 눈만 뜨면 죽마고우들과 어린 시절 얘기하며 웃고 떠들 수 있는 '내 고향 김포'라는 것이 머리에 박혀 있었기 때문이다. 그런 내가 굳이 집을 살 필요가 없었다.

스물네 살부터 주경야독하며 대학에 다니고 이어서 회사에 다니면서 20년 넘게 서울에서 지냈다. 그러면서도 내가 서울 사람이라는 생각을 단 한 번도 해본 적이 없다. 매주 주말에는 부모님이 계신 사우리 본가에서 머물렀고 주중에만 서울에서 생활했다. 1999년 사우초등학교가 생긴 이후로 주말마다 지역 선후배들과 함께하는 조기축구 회원으로 참여할 수 있었던 것도 그 때문이었다. 설령 그렇다 할지라도 부동산에 욕심을 냈더라면 친구의 말처럼 잠실에서 집을 구입해야 옳았지만 그런 생각조차 하질 않았던 터였다.

2002년이었다. 나이 40대 중반이 코앞으로 다가왔고 직장생활은 나름 할 만큼 했으니 그간 쌓은 영업 노하우를 무기로 독립해야겠다는 결심을 했다. 드디어 평소 원했던 대로 가족과 함께 본가로 내려왔다. 나는 창업에 도전장을 냈다. 산업 전반에 걸쳐 중국 OEM이 확산되던 시기였기에 처음부터 공장을 짓지 않더라도 제조업 창업이 가능했다. 그렇게 치위생용품 브랜드 '치아랑'이 새롭게 탄생했다.

당연히 내 노하우가 쌓인 아이템을 선정했다. 칫솔과 혀크리너를 하나로 만든 제품에 새로운 기능과 디자인을 입혀 실용신안을 등록했다. 6개월 만에 법인등록도 마쳤다. 영업에는 자신이 있었던 만큼 치과 고객을 흡수하는 속도는 빨랐다. 아무리 소기업이라고 할지라도 사장 혼자서 관리부터 영업까지 경영 전반을 아우르기에는 쉽지 않았고 성장을 하더라도 자칫 사상누각이 될 수 있기에 남동생을 불러들였다. 당시 멀쩡하게 대기업을 잘 다니던 동생을 끌어들였으니 책임감은 더 커졌다.

사실 이쯤 되면 부모님께서 노심초사할 만했다. 아들 형제가 사업을 한다고 고향으로 내려왔으니 지역사회 지인들이 지켜보는 시선도 신경이 쓰일 수밖에 없었을 것이다. 그럼에도 불구하고 부모님께서는 장남인 나의 뚝심을 믿고 계셨는지 잔소리나 염려 차원의 충고 한마디 하지 않았다. 그저 묵묵히 지켜보기만 하셨다.

동생의 합류로 나의 대외적인 활동폭이 넓어지면서 그만큼 회사는 빠른 속도로 자리를 잡아갈 수 있었다. 창업 1년 만에 법인 대표직을 동생에게 내어주었다. 이미 두 곳의 전 직장생활을 통해 경영에 대해 눈을 뜬 나는 형제 사이에도 서로 욕심을 부렸다가는 문제가 발생할 수도 있다는 사실을 염두에 두었다. 그래서 경영권을 전적으로 동생에게 양도하는 선택을 했다.

서울을 뒤로하고 김포에서 인생 2막을 미리 펼친 것에 대해, 예나 지금이나 한 점 후회 없다. 무엇보다도 당시 노년기에 접어든 부모님의 여생을 곁에서 함께할 수 있다는 것이 행복했다. 자식으로서 작으나마 도리를 다한다는 위안과 만족이 컸다. 게다가 몇 걸음만 내딛어도 선후배들과 지인들 그리고 유년 시절부터 고락을 함께해오고 있는 친구들을 오가며 만날 수 있으니 이보다 더 좋은 삶이 또 어디에 있

• 김포에서 인생 2막을 미리 펼친 것이 행복하다.

겠는가.

나의 마음을 뜨겁게 채워준 것이 또 한 가지 있다. 지역사회의 일원이자 리더로서 내 역량을 마음껏 발휘할 수 있게 해준 고향을 향한 나의 진심이었다. 이는 지금도 현재진행형이기에 나는 삶의 만족도가 더없이 높다고 자부한다.

"나는 행복한 사람이다"라고 떠들며 돌아다녀도 이상할 리 없는 게 오늘의 홍원길의 현주소가 아니던가.

학교운영위원회 활동으로 교육에 눈뜨다

김포에 정착한 지 1년 후였다. 지금은 30대 초반의 여성으로 어엿한 사회인이 된 첫애가 초등학교에 들어갈 즈음이었다. 모든 부모가 그러하듯이 첫애가 학교에 들어가게 되니 뿌듯함도 컸지만, 한편으로는 첫 학교생활에 잘 적응해주길 소원하는 마음이 절실할 수밖에 없었다.

더욱이 결혼 7년 되던 해에 기적처럼 찾아온 아이였다. 우리 부부는 아이를 간절히 원했지만, 새 생명을 품는 축복은 좀처럼 허락되지 않았다. 그로 인해 아내(조정옥)와 함께 현대 의학의 힘을 빌려 시험관아기를 갖고자 했다. 거듭되는 실패에도 불구하고 꾸준한 노력을 기울였고 그런 와중에 배아가 착상했다는 소식을 접한 날은 그야말로 감사함에 혼자서 눈물을 흘리기까지 했었다. 세상에 없는 아이가 아니던가.

그즈음 우연히 만난 고향 3년 선배가 나를 지역사회 활동가로 이끌었다. 그는 이미 사우초등학교 학교운영위원회 위원으로 활동 중이었고 내게 운영위원 활동을 권유했다.

"자네는 여기서 태어나서 자라고 이제는 아이들까지 김포에서 성장할 텐데 고향을 위해 학교 발전을 위해 봉사하면 좋을 듯하네. 더욱이 큰애가 학교에 입학했으니 학교에 관심을 가져보면 좋지 않겠나?"

사실 김포에 내려와 첫해는 창업하느라 정신이 없었던 터였기에 지역사회 활동에 참여할 시간적 여력이 부족했고 학교운영에 대해 이렇다 할 만한 정보나 아는 것도 없었다. 다만 선배의 얘기를 듣고 곰곰이 생각을 해보니 누군가는 해야 할 일이고 그 일을 내가 할 수 있다면 해야겠다는 판단이 들었다.

학교운영위원회는 학부모 대표와 교원위원인 교사 등 10여 명이 한자리에 모여 한 해의 예산을 세우고 집행하는 등 학교 살림을 꾸리는 일을 한다. 얼떨결에 참여한 활동이지만 해를 거듭할수록 책임감과 사명감이 깊어졌다. 첫애가 초등

• 2023년 6월 16일 열린 제25기 김포시 학교운영위원협의회 발대식에 참석하여 인사말을 했다.

학교를 졸업하고 금파중학교에 진학하자 자연스럽게 활동은 중학교로 이어졌다. 그렇게 9년 동안 학교운영위원 경험이 쌓인 덕에 딸이 하성고등학교에 입학한 후로도 활동은 여전히 계속됐다. 두 딸이 초중고를 같은 학교에 다닌 것도 운영위원 활동을 지속하게 하는 끈이 됐고, 김포시 운영위협의회 회장으로서도 역할을 하게 했다.

'지역사회 봉사'라는 뜻을 앞세워 시작한 활동은 자연스럽게 김포시의 학교운영과 학생 교육에 대한 관심과 애정을 더욱 촘촘하게 만들어줬다. 그 당시 김포시는 급격한 도시화와 인구 증가로 인해 교육 여건이 여러모로 이에 뒤따르기 어려웠다. 그 속에서 나름대로 변화와 발전을 지속해온 지난 20여 년의 시 교육 역사와 함께했다는 점에서 의미와 보람이 컸다.

두 딸이 대학에 들어간 후로는 학교운영위원 활동도 막을 내리는가 싶었다. 이 일 외에도 의용소방대와 새마을지도자 활동도 병행하고 있었던 터였다. 게다가 시의원이 되어 더욱 바빠지기도 했다. 하지만 학교운영위원회 지역위원을 맡게 되면서 나는 우리 시의 학교 교육과 마치 헤어질 수 없는 연인관계처럼 그 인연의 끈을 놓지 못하는 사이가 돼버렸다.

지역 봉사활동은 활동 자체만으로도 보람된 일이지만, 그 속에서 함께 일하는 위원들과의 인간관계가 자연스럽게 형성되고 깊어지는 게 큰 기쁨을 준다. 특히 이해관계가 없는 봉사를 위한 만남이기에 신뢰와 정이 더욱 깊어지는 것 같다. 활동 시작 당시 초등학교에서 함께 일한 운영위원들과는 지금까지도 사적인 모임을 이어가면서 20년 넘는 끈끈한 인간관계를 유지하고 있다.

그런가 하면 시의원에 이어 도의원으로 지역사회의 일꾼을 자청하며 시 발전을 추구하는 일선에 서 있는 나에게는 지역위원 활동이 큰 의미가 있다. 이 일을 통해 우리 시 교육 환경을 더 촘촘하게 들여다볼 수 있으며, 학교 민원이 발생

• 2023년 청소년의회교실 프로그램(김포 금란초등학교)에서 김포의 미래인 청소년들과 함께했다.

했을 때 시의원이나 도의원들을 보다 빠르고 가까이서 만나 함께 문제 해결의 실마리를 풀어갈 수 있다. 이런 점에서 봉사활동에 참여하는 지금 이 시간이 결코 아깝지 않다.

교육이야말로 백년지대계(百年之大計)다. 이 아이들이 곧 김포의 미래이기에 오랜 기간 참여한 학교운영위원 활동으로 얻어진 경험과 실무 노하우로 시 교육 발전에 힘을 보탤 수 있길 바라는 마음뿐이다.

새마을지도자, 지역을 넘어 사회 혁신을 추구하다

초등학교 고학년 때 동네 아저씨가 나무를 이미지화한 마크가 눈에 띄는 녹색 모자를 쓰고 읍내를 오가는 모습을 보았다. 활기찬 걸음걸이와 동네 사람들과 인사를 나눌 때 어딘지 모르게 부지런하고 용감해 보이는 모습이 인상적이었다. 다만, 빨간색도 흰색도 아닌 녹색 모자가 묘하게 도드라져 보였다. 시골 소년의 눈에도 뭔지 모르게 패션과는 어울리지 않는다는 생각이 들곤 했다. 나중에 알고 보니 그분은 바로 우리 동네 '새마을지도자'였다.

그 무렵 마을은 지붕 개량, 담장 교체, 상하수도 시설 공사 등으로 한창 새마을운동이 전개되고 있었다. 하지만 생각이 넓고 깊은 나이가 아니었기에, 내겐 그저 시골이 새롭게 바뀌고 있다는 느낌 외에는 특별한 의미로 와닿지 않았다.

그로부터 30여 년이 흐른 후 내가 그 녹색 모자를 쓰고 녹색 조끼를 입고 동네를 돌아다닐 줄이야! 새마을지도자가 된 것이다. 학창 시절과 20~30대에는 전혀 생각조차 하지 않았던 지역사회운동가가 돼 있다는 사실은 지금 생각해봐도 가끔 나를 어리둥절하게 만들기도 한다. 마치 과거 속으로 회귀하여 그 아저씨가 된 것 같다는 느낌이 들 때도 있다.

사우동 새마을협의회 소속 새마을지도자로 참여하게 된 것도 학교운영위원회에 발을 들여놓은 그해였다. 고향 마을 사우리로 돌아온 후에 오가며 만나는 사람 열의 아홉이 유년 시절 날마다 보다시피 한 동네 사람이었다. 앞으로 가면 선배, 뒤돌아보면 후배이고 친구였다. 그러니 내가 무엇을 하며 지내는지 소문이 나는 것은 순식간이었다. 선배들과 친구들이 나를 가만히 내버려둘 리 없었다. 몸으로 또는 시간으로 해결해야 하는 동네 궂은일은 아무래도 청년이나 중년층이 담당해야 하는 지역 여건상, 40대 초반인 내가 학교운영위원 활동만 할 게 아니라 동네를 위한 봉사활동에 더 중요하게 참여해야 한다며 불러냈다.

과거엔 농촌을 살리고 지역 경제를 부흥시키기 위한 목적으로 새마을운동이 전개되었고 새마을지도자가 그 리더 역할을 했다면, 지금 새마을지도자는 지역사회 환경 정비에

• 김포시 새마을협의회 주관으로 평화의 숲 조성 캠페인을 진행했다.

앞장서고 자칫 소외될 수 있거나 힘든 이웃을 챙기고 보듬으며 지역 발전을 모색하는 파수꾼 역할을 한다.

새마을협의회는 전국에 걸쳐 자발적으로 결성된 민간 자생 단체로서는 자그마치 52년의 역사를 지닌 남다른 존재감을 자랑한다. 다만 민생 현장에서 이 조직을 움직이는 회원들의 활동은 정치나 비즈니스와는 무관한 순수한 봉사 그 자체다.

회원들은 정기적으로 모여 도로변과 마을 구석구석 잡초를 제거하고 꽃을 심는 등 마을 가꾸기를 한다. 마을 공공용

지에 직접 배추를 심고 키우고 감자나 고구마 같은 작물을 재배하기도 한다. 배추는 수확한 후 새마을부녀회가 매년 연말에 실시하는 불우이웃 또는 독거노인 김장 나눔 행사에 쓰도록 제공한다. 감자나 고구마 또한 어려운 이웃들을 위한 나눔 활동에 소용된다. 정기적으로 활동하는 날 외에도 수시로 열리는 마을 행사나 긴급상황 발생 시에도 활동에 참여해야 한다. 그러니 '지역 봉사자'라는 감투나 쓰고 겉치레만 그럴듯하게 보여주는 그런 자리는 결코 아니다.

사업을 하다 보니 한가할 겨를이 없는 게 현실이긴 했지만, 활동 참여를 게을리하지 않았다. 더욱이 몸으로 하는 일이 대부분이니 회사 일에 치여서 몸이 피곤할 때는 힘이 들기도 했다. 그래도 내 고향이자 내가 사는 마을을 위한 일이라는 생각을 하면 몸과 마음에 저절로 에너지가 생겨났다. 그뿐만이 아니다. 우리 동네 사우동만이 아니라 김포시에 속한 다른 동네의 애로점이나 고충도 함께 나누며 새마을정신과 문화를 펼쳐온 시간은 뿌듯함으로 남아 있다.

오래 기억에 남는 일이 하나 있다. 2015년쯤의 일이다. 장기동에 특수교육기관인 새솔학교가 들어서고, 초창기 학생들의 자연 체험활동을 위한 텃밭이 필요했는데 사정상 조성이 되지 않은 상태이어서 그 해결책이 시급하다는 소식을 접했다. 넓게 보면 김포 전체가 우리 마을이며, 김포시민은 모두 이웃이다. 이런 마음가짐으로 회원들이 텃밭 조성을 돕는 데 뜻을 모았다. 날을 잡아 회원들이 자신의 트랙터와 경운기를 직접 몰고 와 작업을 했다.

굳이 '모든 국민은 평등하다'는 헌법 정신을 거론하지 않더라도, 두 딸을 둔 아버지로서 특수학교 설립과 관련한 지역주민들과의 갈등 소식을 뉴스에서 볼 때마다 장애인에 대한 그릇된 이해와 인식을 지닌 이들에 대한 불편한 마음이 컸었다. 사회적 약자는 우리 모두가 감싸주고 도와줘야 하는 게 당연지사다. 그래서 마땅히 해야 할 일을 했을 뿐이다. 그런데도 학교 선생님들과 엄마들로부터 고맙다는 말을 들으니 되레 송구스러울 따름이었다.

친동생도 나의 새마을지도자 활동에 힘을 실어주었다. 사우동에서 치위생용품 회사 ㈜위덴을 경영하는 동생(홍원정)에게 김장 나눔 활동을 할 때 칫솔을 기부해주면 좋겠다고 제안을 했는데, 고맙게도 기꺼이 동참하여 해마다 김치 수혜 가정에 칫솔 6개씩을 포장하여 기부했다. 지금은 말하지 않아도 알아서 김포시 관할 복지재단을 통해 기부하며 김포시 14개 읍면동 지역 전체로 나눔이 확대된 것으로 알고 있다. 이 기부가 20년 넘게 지속되고 있는 만큼 형인 나로서는 더할 나위 없이 뿌듯하고 자랑스럽다.

'함께 함께'의 가치를 만든 의용소방대 활동

"이젠 몸 생각도 좀 해야 할 나이 아니에요? 벌써 10년이 더 넘었어요"

"그게 무슨 말인지…?"

"당신은 1년 내내 김포시를 위해서 움직인다고요. 봉사 활동도 좋지만 건강도 생각하라는 얘기죠."

"그랬나요? 그래도 아직은 건강하고요. 나 홍원길은 여사님 남편이니까, 김포 씨(?)한테 질투하지 말아 주세요."

10여 년 전의 일이다. 아내의 걱정을 농담처럼 받아넘겼지만, 돌이켜 생각해보니 적잖게 미안함이 느껴졌다. 허구한 날 이런 일 저런 일, 이 행사 저 행사로 초저녁 시간대에 엉덩이를 거실 소파에 붙여 놓는 날이 드물다 보니 한번은 아

내가 달력에 적어둔 나의 스케줄을 들여다본 모양이다. 본래 이래라저래라 잔소리하는 스타일이 아닌데다 내가 하는 일은 뭐든지 믿어주는 조용한 성향의 사람이 이런 말을 할 때는 분명 어느 한구석 서운함도 자리하고 있었을 터이다.

아내와 두 딸과 함께 고향으로 내려와 살면서부터는 사업하느라 매일같이 밖에 나가 있고 지역봉사 활동하느라 분주했다. 그러다 보니 남들처럼 제시간에 퇴근하여 가족들과 함께 저녁 먹고 오붓하게 TV 드라마라도 본 날이 1년 중 며칠이나 되었을까 싶다. 게다가 8년 전부터는 정치에도 입문했다. 그 후로 아내는 배우자를 아예 김포시에 내어줬다고 여기고 있는 듯하다.

되돌아보면 지역사회 활동 초기에 나의 일을 하면서 학교운영위원과 새마을지도자 활동을 하는 것만으로도 적잖게 바빴다. 그런데 시간을 더 쪼개어 뛰어다녀야 할 일이 하나 더 생겼다. 의용소방대원으로 활동하게 된 것이다. 하지만 나의 선택이 잘못됐다거나 굳이 하지 않아도 될 일을 했다는 후회는 해본 적 없다. 반대로 참 잘한 일이었다는 셀프 칭찬을 해주고 싶을 정도다. 이전에는 없던 두 개의 전문의용소방대가 2024년 말과 2025년에 김포시에서 탄생했기 때문이다.

2025년 6월이었다. 김포시에 거주하는 중국인 근로자 A

• 김포 의용소방대 활동 중 하나로 안전 점검 캠페인을 진행했다.

씨가 뇌경색으로 마비 증세가 와서 119에 긴급 구조 요청 전화를 했으나 한국어 의사소통이 어려워 위치조차 확인하기 어려웠다. 이때 구급대는 즉시 김포소방서 다문화 전문의용소방대 부대장에게 통역 지원을 요청했다. A 씨는 검단탑병원으로 긴급 이송됐고 안산에 거주 중인 A 씨의 아내에게도 연락을 취할 수 있었다고 한다. 언어가 통하지 않은 외국인을 위급한 상황에서 구할 수 있었던 데는 2024년 12월 생겨난 김포소방서 다문화 전문의용소방대의 역할이 결정적이었다.

2024년, 지역주민과 차 한 잔 마시는 자리에서 중요한 사실을 알게 되었다. 우리 시에 거주하는 외국인들이 갈수록 늘어나고 있는데, 그들의 안전과 생명을 보호하기 위해서 다문화 전문의용소방대가 절실히 필요하다는 것이었다. 필요성에 공감한 나는 그길로 김포소방서에 제안했고 그 결과, 경기도 내에서는 안산시에 이어 두 번째로 발족될 수 있었다.

취업자와 결혼 이민자 등 총 8개국 15명으로 구성된 다문화 전문의용소방대는 앞으로 화재·구조·구급 등 재난 현장뿐만 아니라 다양한 봉사활동과 안전 교육을 통해 지역사회에 크게 기여할 것으로 보인다.

2025년 3월엔 김포시에 또 하나의 특별한 의용소방대가 탄생했다. '장애인 명예의용소방대'가 바로 그 주인공이다. 전국 최초다. 8명의 대원이 위촉됐고 앞으로 지역사회 내 재난 안전 활동 강화와 재난 대응 지원에 적극 참여하고 봉사하며 자긍심도 높일 수 있을 것으로 기대되고 있다.

이 또한 다문화 전문의용소방대와 마찬가지로 김포소방대의 협조 없이는 운영할 수 없다. 20여 년간 의용소방대 활동을 해온 한 사람이자 경기도의회 김포 출신 의원인 나로서는 적극 환영한다. 무엇보다도 사회적 약자를 향한 관심과 애정을 갖고 국내에서는 처음으로 장애인의용소방대를 신설하는 데 유연한 사고를 발휘해준 유해공 서장에게 감사하

• 김포소방서 의용소방대 활동을 위한 차량 전달식.

는 마음이다.

다만 의용소방대 활동과 관련하여 2025년에 개인적으로 큰 아쉬움이 남았다. 의용소방대 활동은 만 65세가 정년이므로 이제 마무리할 때가 되었기 때문이다.

"20여 년간 의용소방대 활동을 하면서 만난 동료 회원들과 시민 여러분! '함께'라서 정말 감사했습니다. 지역사회를 위해 시간과 몸을 내어주신 여러분들의 봉사가 있기에 김포가 발전했으며 또 새로운 내일의 김포가 기대됩니다."

십시일반의 진정성이 담긴 일만장학회

세상은 일일이 열거할 수 없을 만큼 변화에 변화를 거듭했고 국가 경제도 눈부시게 성장했다. 그럼에도 불구하고 50여 년 전이나 지금이나 경제적 문제로 자신의 꿈을 활짝 펼치지 못하는 어린이와 청소년들이 적지 않다. 의무교육에 따른 무상교육과 국가장학금제도만으로는 해결되지 않는 교육 사각지대에 놓인 꿈나무들이다.

배고파본 사람이 굶주림의 아픔과 시련을 알듯이 나 또한 직접 일해서 학비와 생계를 책임지며 헤쳐나가던 20대 시절이 있었기에 장학회에 대한 관심은 남달랐다. 20여 년 전 김포로 돌아온 초기에 우연히 지인을 통해 모 장학회를 알았다. 그 모임에 참여하면서 당시 큰돈은 못 벌었을지라도 오랫동안 마음먹었던 바가 있었기에 100만 원을 선뜻 기부한 적이 있었다.

그해였다. 장학회 회원들이 모여 연말 총회를 하면서 기부자에게 상패도 주고 회식도 했다. 그런데 참 궁금했다. 빛나는 아크릴 상패를 만들고 회식을 하는 데 소요된 비용은 대체 어느 주머니에서 나온 것인지. 행사에 참여한 지인에게 물었더니 기금에서 지출된 돈이란다. 그 순간 나도 모르게 자제력을 잃고 흥분했다.

"이게 뭐 하는 겁니까? 굳이 감사의 표시가 필요했다면 상패는 종이로 만들면 될 일이고 회식비는 임원들이 갹출해야 하지 않습니까? 장학금은 내놓은 분들의 소중한 뜻을 이렇게 함부로 써도 되는 건가요?"

길이 아니면 가지 말라고 했다. 장학회의 본 의의와 취지에는 맞지 않는 운영 방식이라는 생각에 그 후로는 해당 모임과 인연을 끊었다. 정말이지 실망이 아주 컸다.

그 일이 있은 지 10년은 더 흘렀을 무렵이다. 하루는 봉사단체 회원들과 활동을 끝낸 후 칼국수를 먹고 커피를 마셨다. 칼국수와 커피값을 합쳐보니 1인당 만 원이 넘었다. 순간 우리가 이 돈으로 장학회를 만들면 좋지 않겠나 싶어 월 1만

• 회원들이 월 1만 원씩 후원하여 운영하는 일만장학회가 2025년 2차 정기이사회를 열었다.

원씩 기금으로 내고, 함께 식사하거나 차를 마시면 그 돈은 각자 해결하는 것이 어떻겠냐고 제안했다. 회원들 모두가 공감하고 동의했다. 말이 나온 김에 장학회를 만들기로 의견을 모았다.

며칠 후 회원 몇 명이 나를 찾아왔다. 장학회 회장을 맡아 달라는 게 아닌가. 나는 이미 시의원으로 활동하고 있는 만큼 그것은 불가능하다는 뜻을 전했고 다행히도 다른 회원이 회장을 맡아 장학회가 설립됐다. 갈수록 후원회원이 늘어나면서 최근에는 그 수가 무려 600여 명으로 불어났다. 이 숫자로만 따져도 월 600만 원이고, 1년이면 7,200만 원의 기금이 조성되는 셈이니 결코 작은 규모가 아니다.

그간 장학회에서는 매년 그해 모인 기금을 김포교육지원청과 협의하여 대상자 명단을 받아 장학금으로 지급해왔다. 이자조차도 한 푼 건드리지 않고 전액을 장학금으로 사용하고 있는 만큼 회원의 한 사람으로서 마음이 따뜻해짐을 느낀다. 십시일반 한 달에 만 원씩 낸 돈이 모여서 장학기금이 만들어지고 그 돈이 우리 김포시에서 자라나는 어려운 후배들에게 쓰인다는 것, 이 얼마나 행복한 동행인가.

3년 전부터는 장학회 회원들과 함께 1년에 한 번 특별한 이벤트를 열고 있다. 김포시 전역에 있는 16개 방과 후 돌봄교실을 대상으로 하는 즐거운 나눔 활동이다. 이 교실에 참여하는 아이들은 맞벌이 가정이나 조손가정 아이 중 형편이 어려운 경우가 다수다.

장학회 회원 중 누군가가 우연히 아이들을 만났을 때 아이들이 소망하는 것이 뭔지 궁금해 물었단다. “너희들이 가장 하고 싶은 것이 뭐야?” 그러자 아이들이 하는 말이 극장에서 햄버거와 콜라 먹으면서 영화를 보는 것이라고 하더란다. 누군가에게는 언제든지 엄마 아빠 손 잡고 할 수 있는 여가활동이 방과 후 돌봄교실 아이들에게는 마치 소원인 양 아주 특별한 일이라는 사실에 회원들 모두 가슴 아프다고 했다. 요즘 냉면 한 그릇 값도 안 되는 만 원씩 모아 장학회를

• 일만장학회 주최로 지역아동센터 아이들을 위해 '사랑나눔' '행복나눔' 행사를 열고 극장에서 햄버거와 콜라를 먹으면서 영화를 보고 싶다는 아이들의 바람이 이루어지도록 했다.

성공적으로 운영하는 회원들로서는 가만히 있을 수 없는 일이었다. 그렇다면 우리가 소원을 이루어 주자는 데 의견이 모였다. 그렇게 이벤트가 시작되었다.

장학회 후원금과는 별도로 회원들이 갹출하여 모은 돈으로 이 행사 비용을 충당하고 있다. 이런 내막을 알고 극장 측도 할인된 비용으로 공간을 대여해주고 있으니 더할 나위 없이 좋은 나눔 이벤트로 자리를 잡았다. 생각해보라. 극장에서 아이들이 영화 보고 햄버거 먹고 까르르 웃으며 행복해하는 그 모습을.

3

주민 곁에서, 김포를 위한 새로운 시작

새로운 기점이 된 국회의원 보좌관

시의원은 정치인이 아닌 심부름꾼

공항소음 피해 대책 마련에 나서다

5일장연합회 출범을 이끌다

김포FC K리그2 승격에 힘을 싣다

*

내 이름이 ‘홍원길’이어서인지, 자연스럽게 “시민이 원하는 길로 간다”라는 슬로건을 선거에서 사용하게 되었다. 내가 가야 할 방향은 언제나 시민들이 바라보는 곳이어야 한다는 마음이 있었기에, 이 슬로건이 더욱 마음에 와닿았다.

시민이 원하는 길을 함께 만들어가기 위해서는 무엇보다 예산을 제대로 확보하는 일이 중요하다고 생각했다. 시민이 편안하게 걸을 수 있는 길, 김포가 한 걸음 더 나아가는 길은 결국 든든한 예산에서부터 시작된다는 사실을 그동안의 다양한 경험을 통해 깊이 깨달았기 때문이다.

새로운 기점이 된 국회의원 보좌관

2014년, 그때 내 나이 쉰넷이었다. "어쩌다 사장", "어쩌다 ○○가 됐다"라는 흔한 말이 있듯, "앞날은 아무도 모르는 게 인생"이라던 어른들의 교훈이 새삼 피부에 와닿았다. 그 이전까지는 꿈에도 생각해본 적이 없는 정치의 세계에 발을 들여놓게 되면서다.

그해 초 국회의원 재보궐 선거를 몇 달 앞두고 집안 당숙뻘 되는 분을 만났다. 친척인 데다 나보다 두 살 위이니 평소 편하게 지내던 사이였건만, 그날은 뭔가 분위기가 달랐다. 진지하고 무거웠다.

"내가 이번 김포 보궐 선거에 나가려고 하니 조카가 좀 도와줬으면 좋겠는데…."

"그러세요. 제가 선거에 대해 뭘 아나요. 당숙이 나오신다면 그저 할 수 있는 데까지 돕는 것은 당연한 일이죠."

"그냥 도와달라는 게 아니라 지역 사무국장을 맡아줬으면 하는 거네."

"사무국장을 맡으라고요? 그건 좀…. 주변에 능력 있고 훌륭한 분들이 많을 텐데 굳이 왜 저에게 그런 중책을…."

정치에 대해 아는 게 없는 나였다. 친척이니 띠 두르고 거리에 나가 선거 홍보물 나눠주는 정도는 하라면 할 수 있겠지만 선거사무국을 총괄 지휘하는 사무국장 자리라니. 나로서는 그야말로 언감생심이었다. 게다가 딱히 정치에 관심도 없었기에 난감하기 짝이 없었다. 남도 아닌 당숙의 부탁이니 나 몰라라 하고 돌아설 수도 없는 일인 데다 그렇다고 경험도 없는 일에 털썩 뛰어든다는 것도 무모하게 여겨졌으니, 한동안 이 생각 저 생각을 하면서 고민과 갈등이 적지 않았다.

이렇게 나를 정치에 발을 내딛게 한 이는 다름 아닌 홍철호 전 대통령실 정무수석이다. 그는 2014년 상반기 김포 재보궐 선거에서 초선으로 국회의원에 당선되었다. 당시에는 오랜 시간 지역 발전을 위해 다양한 활동을 해온 인물이었기에 지역에서의 평은 나름 긍정적인 면이 컸었다.

어느 가정이든 정치에 입문한다고 하면 가족들이 두 손

• 새누리당 김포시당원협의회 사무국장 및 홍철호 국회의원 보좌관으로 정치의 세계에 첫 발을 들였다.

들고 환영하는 게 쉽지 않을 터이다. 아무리 좋은 철학과 신념을 갖고 임한다고 해도 시류의 영향을 많이 받는 만큼 시민의 평가가 그 의지와 노력에 반드시 비례하지는 않는 게 정치이니 감히 앞날을 예측하기가 결코 쉽지 않다. 평소 믿음 때문이었을까. 부모님도 아내도 나의 새로운 길을 막지 않았다. 더욱이 맘먹으면 꿋꿋이 밀고 나가는 추진력이 강한 사람이라는 것을 익히 알아서인지 이래라저래라 말 한마디 없었다.

고심 끝에 새로운 길을 택했다. 사무국장의 역할이 가볍지 않은 만큼 나를 선택한 데는 친인척 관계를 떠나서 그간 내가 나름대로 김포 지역사회에서의 활동을 성실하게 해왔던 이유가 크게 작용했다고 여겼다. 그리고 인생의 절반을 지나온 지금, 인생 2모작은 나와 가족뿐 아니라 지역사회 시민들과 함께 김포의 미래를 새롭게 열어가는 과정으로 만들고자 했다.

돌이켜 보면 선거를 앞둔 몇 달 동안은 구체적으로 무엇을 했는지 생각도 나지 않을 정도다. 뭐가 뭔지도 모르면서 하루 24시간이 부족하다고 여길 만큼 정신없이 이리 뛰고 저리 뛰어다녔던 것 같다. 이유는 오직 한 가지였다. 내가 해야 할 일은 최선을 다해 후보자가 당선되도록 하는 것뿐이었다.

중년이었지만 젊은 날의 패기와 나만의 인생 철학은 유효했다. 목표가 뚜렷하게 세워졌고 그에 따른 나의 책무가 정해졌으면 남은 일은 체력과 정신력의 싸움이며 목표는 반드시 이루어야 한다는 것이다. '힘든 일은 있어도 안 되는 일은 없다'고 여기고 늘 그렇게 살아 왔으니까.

다행히도 후보는 재보궐 선거에서 당선돼 국회에 입성했고 2년 후 2016년 치러진 제20대 국회의원 선거에서도 이겨 재선에 성공했다. 당락을 결정짓는 가장 중요한 요인은 후보자의 능력이며 선거는 운명에 달린 일이기도 하니, 나의 역할이 컸다는 말은 감히 할 수 없을 것 같다. 다만 사무국장에

• 2014년 7월 30일 치러진 국회의원 재보궐 선거에서 홍철호 후보가 당선되었다.

이어 보좌관으로서 내게 주어진 임무에 열정은 다 바쳤으니 설령 그 결과가 기대와는 다르게 나왔다고 하더라도 나로서는 한 점 후회는 없었을 것이다.

시의원은
정치인이 아닌 심부름꾼

정치인들을 두고 사람들은 말한다. "한 번 발 들여놓으면 빼기 힘들다." 이 말은 어쩌면 "권력의 맛을 보면 자신을 내려놓기 힘들다"라는 질타처럼 들리기도 한다. 누군가에게는 맞는 말일 수도 있고 또 누군가에게는 잘못된 비유일 수도 있다.

하늘을 우러러 맹세컨대 8년 전이나 지금이나 나는 후자의 입장이라는 데 변함이 없다. 이유는 분명하다. '나는 정치인이 아닌 지역의 심부름꾼'이라는 생각으로 시작했고 또 그 마인드를 잃지 않고 지금까지 걸어왔기 때문이다.

2018년 시의원에 도전장을 냈다. 4년 동안 의원실에서 사무국장을 하면서 많은 시민을 만났고 그 과정에서 새로운 각오를 하게 됐다.

사무국장으로 활동하면서 지식, 학력, 철학은 물론이고 우리 시에 대한 관심과 의욕 그리고 열정이 남다른 훌륭한 시민들이 많다는 사실을 이미 잘 알고 있었다. 당시에도 나는 시의원도 도의원도 배지는 '권력'을 잡은 자가 아닌 시민의 목소리를 더 가까이서 경청하고 민심을 파악해서 시민을 대변하고 시와 도를 발전시키는 데 쓰라고 달아주는 '배지'라는 것을 너무도 잘 알고 있었다. 그래서 다년간 지역 봉사에 참여한 데 이어 사무국장으로서 활동해온 내가 시민의 심부름꾼이 되면 잘할 수 있겠다는 결론을 얻은 것이다.

고촌읍, 풍무동, 사우동이 지역구인 가선거구에서는 3명의 시의원을 선출한다. 당시 후보자는 4명이었다. 첫 도전이었으니 겉으로는 자신감을 드러냈을지언정 속으로는 걱정과 불안감이 클 수밖에 없었다. 다양한 지역 활동을 해왔기에 얼굴을 아는 시민들이 부지기수이지만 그렇다고 그들이 '홍원길'을 선택해 준다고 장담할 수 없는 일이었다. 선거에서의 표심은 그 누구도 모르는 개개인의 내면에서 결정되는 것이기에 결과는 투표함 열어봐야 알 수 있기 마련이다.

내 이름이 '홍원길'이어서인지, 자연스럽게 "시민이 원하는 길로 간다"라는 슬로건을 선거에서 사용하게 되었다. 내가 가야 할 방향은 언제나 시민들이 바라보는 곳이어야 한

• 시의원은 정치인이 아니라 시민의 심부름꾼이라는 게 나의 소신이다.

다는 마음이 있었기에, 이 슬로건이 더욱 마음에 와닿았다.

시민이 원하는 길을 함께 만들어가기 위해서는 무엇보다 예산을 제대로 확보하는 일이 중요하다고 생각했다. 시민이 편안하게 걸을 수 있는 길, 김포가 한 걸음 더 나아가는 길은 결국 든든한 예산에서부터 시작된다는 사실을 그동안의 다양한 경험을 통해 깊이 깨달았기 때문이다. 선거 기간 내내 그 마음을 잊지 않고 성실히 활동했다.

선거 결과 내가 속한 가선거구에서는 더불어민주당이 2석을 차지했고 자유한국당에서는 내가 당선되면서 1석을 차지했다. 김포시에서는 총 12석 중 더불어민주당이 7석, 자유한국당이 5석을 각각 차지했다. 그 무렵 정세를 참작할 때 박근혜 전 대통령의 탄핵이 있은 지 1년 후에 치러진 선거이었기에 우리 당으로서는 여러모로 불리한 처지였던 게 사실이다. 그럼에도 불구하고 초선인 내가 당선될 수 있었던 것은 영광이었고 감사한 일이었다.

예나 지금이나 일관된 생각이 있다. 당적을 무시할 수는 없지만, 특히 시의원은 당 이전에 시민의 대표라는 위치에 있으며, 또 시의 성장과 발전을 추구하는 시의 일꾼이므로 의원들이 먼저 화합하여 힘을 한데로 모아야 한다는 것이다. 시쳇말로 당파싸움을 벌일 일은 결코 아니라는 생각이 깊었던 까닭에 시민들이 모아준 표는 '홍원길'이라는 지역 일꾼을 선택한 것이라고 여겼다. 그래서 더더욱 감사할 따름이었다.

'호시우보(虎視牛步)'라는 고사성어가 있다. 범처럼 노려보고 소처럼 걷는다는 뜻으로 예리한 통찰력으로 꿰뚫어 보며 성실하고 신중하게 행동함을 말한다. 나는 평소 명언이나 철학적인 개념을 인용하여 말하기를 즐겨 하지 않는 편이지만, 이 네 글자는 사업을 할 때부터 자주 되뇌었다. 그리고 시의원이 되면서부터는 더 자주 사용하게 됐다. 내가 결정하고 책임져야 하는 일에서는 그만큼 신중하게 말하고 행동하고 또 최선을 다하겠다는 나만의 다짐 때문이 아닌가 싶다.

시민이 손 들어주어서 시의원에 당선되었고 지금은 '도의원'이라는 배지를 달고는 있지만, 여전히 나는 내가 유능하고 잘나서가 아니라 김포를 사랑하는 마음이 크고 무엇보다 부지런한 사람으로 인정받은 결과라고 받아들인다.

공항소음
피해 대책 마련에 나서다

2018년 7월부터 김포시의회 의원으로 활동을 시작했다. 이미 선후배들이 지역 공직자로 재직 중이어서 다수를 알고 있는 데다 지역사회 현안 과제를 익히 알고 있었던 터라 의정 활동은 그리 낯설지 않았고 자연스럽게 스며들 수 있었다.

시민들의 민원을 파악하고 우리 시가 직면한 문제에 대해 관심을 기울이고 법적 장치가 필요할 땐 관련 조례를 만드는 일들은 시의원으로서 당연한 직무다. 다만 해당 의제나 해결과제가 어떤 것이냐에 따라서 그 대안을 찾아가는 과정이 복잡할 수도 있고 시간이 길어질 수도 있다.

내게도 그런 과제가 있다. 시의원 시절부터 도의원 4년 차 임기를 지나고 있는 지금까지 장기간에 걸쳐 관심을 집중

해왔음에도 불구하고 아직까지 시원한 결과를 만들어내지 못한 '공항소음 피해 대책'이 바로 그것이다.

김포국제공항을 지척에 두고 있는 우리 시로서는 이와 관련된 시민들의 민원이 끊이지 않는 상황이다. 김포국제공항은 규모와 이용객 면에서 인천국제공항을 제외한 국내 공항 중 최대 규모를 자랑한다. 2024년 기준 이 공항에서 뜨고 내린 비행기는 연간 국내선 10만 8,251편, 국제선 2만 697편에 달한다. 1일 평균 기준으로 잡으면 353편이나 된다. 이는 다시 말하면 공항 인근에 거주하는 시민들의 소음 피해 또한 그만큼 크다는 것을 의미한다.

소음 피해는 어제오늘 불거져 나온 얘기가 아니지만, 최근엔 공항소음 피해 지역 주민들을 위한 지원 대책이 아파트마다 또 가족 구성원이나 연령 등에 따라 제한을 받아 형평성에 어긋난다는 민원 또한 늘어났다. 이를테면 객관화된 기준 자료가 없어 같은 아파트 단지임에도 불구하고 A동은 지원 대상이 되고 B동은 안 되는 식이다.

시민들의 공항소음 피해를 최소화하고 공항소음 피해 지역에 거주하는 주민이라면 누구나 지원받을 수 있도록 객관적이고 합리적인 지원 방안을 정책으로 만들어야 했다. 이 문제는 시의원 임기 내내 나에게 적잖게 무거운 과제였다. 발로 뛰고 열정을 불살라서 되는 일이라면 얼마든지 그렇게 하고자 했으나 보이지 않는 벽은 뚫자니 너무도 두터웠다. 시의원으로서는 해결 불가능한 일이라는 것을 알았다. 이는 핑계가 아니라 실제로 그러했다. 그러니 도의원이 되면서 '이것만은 꼭 해내겠다'고 다짐을 한 것이기도 했다.

'뭉쳐야 된다'는 것이 바로 이런 경우를 두고 말하는 것일 터이다. 도의원이 되면서 나는 대한민국시도의회의장협의회 산하 전국 공항소음 대책 특별위원회를 구성하는 데 발벗고 나섰다. 우리 시 한 곳만의 목소리가 아니라 전국에서 공항소음 문제 해결을 요청하는 국민의 목소리를 모아 대변하고 그 대안을 제시하는 게 빠른 길이라는 결론에서다. 이에 따라 시도의장협의회에서 시도별로 공항소음 문제 해결을 위해 노력하는 의원들의 참여를 받아 전국 14명의 도의원이 뭉쳤고 2023년 6월 본격적으로 '전국 공항소음 대책 특별위원회'가 출범했다.

2025년 6월 4차 정기회의에서 나는 그간 김포공항 국제선 확대로 인한 소음 가중 예상, 냉방·방음 시설 설치 사업 현금 지급 전환, 여름철 전기료 인상 대책, 소음 등고선 타당성 검토의 필요성 등에 대한 의견을 전달했고 소음 대책 사업의 과제로는 인근 지역과 학교, 공공시설과 재산권 제한에 대한 대책, 야간 소음 감소를 위한 운항 및 기준 개선과 소음 등고선 고시 방법의 추가 개선, 공항소음 대책 사업 재원 확

• 전국에서 공항소음 문제 해결을 요청하는 국민의 목소리를 모아 대변하고 그 대안을 제시하기 위해 전국 공항소음 대책 특별위원회를 구성하는 데 발 벗고 나섰다. 이 위원회의 2024년 제3차 정기회의.

보, 공항소음 방지 대책 주체의 문제 등에 관하여도 심도 있는 논의를 했다.

또한, 나는 공항소음 피해 지역 주민지원센터의 조속한 설립과 피해 지역 주민을 위한 항공 수수료 감면제 도입 등 대책 마련을 위해서는 「공항소음 방지 및 소음 대책 지역 지원에 관한 법률」을 개정해야 한다고 주장했고 정부, 광역과 기초자치단체가 공동으로 문제 해결에 나서야 하며 지방의회 차원에서 적극적인 활동이 필요하다는 것을 강조했다.

1기에 이어 현재 총 18명(시·도의원 16명, 전문가 2명)이 참여하고 있는 2기 전국 공항소음 대책 특별위원회에서 나는 수도권 부위원장을 맡고 있다. 우리는 그간 수차례에 걸쳐 의견을 모았다.

서울시는 2024년 2월 서남권 대개조 구상 계획을 통해서 김포공항의 국제선 거리를 기존 2,000km에서 3,000km로 제한 완화 계획을 발표한 바 있다. 하루 6개 노선 60편의 운항에서 8~9개 노선 하루 80~90여 편으로 확대가 예상되며, 국제선 특성상 소음 등급이 높아서 피해 지역 주민들의 소음 피해는 가중될 수밖에 없다.

2024년 하반기 2기 특별위원회 출발 당시 김포공항에서 발생하는 소음, 분진 등 여러 피해로 주민들이 고통을 겪고 있지만 최근까지도 김포공항의 확장 등 경제성만을 고려한 일방적인 정책들이 지역과 지역주민에 대한 이해나 배려 없이 발표되고 있는 실정을 낱낱이 밝혔다.

이와 함께 나는 "김포공항 설치의 기존 취지에 맞는 운영, 피해 주민들을 위한 실질적 지원과 피해 해소 방안 마련에 최선을 다하겠다"는 입장을 함께 전했다.

2025년 들어서는 지난 3월 전남 여수에서 제2기 특별위원회의 제1차 정기회의를 열고 15개 시도의회 소속 위원들과 관계 공무원, 전문가들이 참석해 공항소음 해법 마련을 위한 심도 있는 논의를 펼쳤으며 「공항소음 방지 및 소음 대책 지역 지원에 관한 법률」(약칭: 공항소음방지법) 개정 건의안

• 2023년 7월 5일, 대한민국시도의회의장협의회 전국 공항소음 대책 특별위원회 수도권 부위원장으로 위촉되었다.

과 같은 법 시행령 개정 건의안을 원안대로 의결했다.

이 내용은 피해 지역 주민들에게 실질적인 도움이 될 수 있는 근거가 될 것이다. 공항소음 피해를 근본적으로 줄이기 위해서는 중앙정부와 국회 차원에서 「공항소음방지법」을 개정하고 비행 노선 등을 정리하는 작업이 필요하다. 따라서 국토교통부와 해당 지역, 해당 상임위 국회의원들은 관련 사항에 대해 조속히 논의하는 자리를 마련하여야 한다는 입장을 펴고 있는 중이다.

공항소음 대책 사무소가 현재는 서울시와 제주시 두 곳에만 설치되어 있다. 이에 따라 나는 김포사무소와 부천분소 설치를 강력하게 주장하고 있는 중이다. 도의원 임기 내에

뜻하는 바가 이루어지면 더할 나위 없이 좋겠다는 게 나의 간곡한 바람이다.

■ 도정질문

구분	연번	주제	발언 일자
5분 자유 발언	1	공항소음 방지책 마련: 공항 주변 지역 도민의 행복권 보장	2023년 7월 11일
5분 자유 발언	2	일산대교 무료화 환상 버리고 현실적 해법 찾아야 할 때 (일산대교, 무리한 무료화보다 실질적 대책 필요)	2025년 9월 9일
일괄 질문	1	① 민선 8기의 도정 슬로건은 '변화의 중심, 기회의 경기'의 완성도는 선순환 구조의 확대, 지역 간 불균형 해소에 의해 평가된다고 본다. ② 소공인에 대한 역차별은 개선되어야 한다. ③ 공항소음 피해 도민의 생활권, 건강권, 학습권, 재산권 보호를 위한 중기계획 수립 필요 ④ 보이스피싱에 의한 도민 피해 예방 전략을 제안	2023년 11월 9일
일괄 질문	2	① 경기도는 전기차 보급과 이용 확대를 위한 변화 필요 ② 경기도 도농복합지역 농업 활성화 방안은 무엇인가? ③ 경기도 마을공동체 3기 기본계획 수립 준비와 주민제안 공모사업 운영 방식의 변화 필요 ④ 김포공항 소음 피해 도민을 위한 적극적인 지원 필요	2024년 6월 13일

5일장연합회 출범을 이끌다

아무리 세월이 흘러도 시민들의 삶 속에서 사라지지 않는 것이 있다. 그중 대표적인 것이 다름 아닌 '민속 5일장'이다. 닷새 만에 한 번씩 돌아오는 5일장은 조선 시대부터 수백 년에 걸쳐 이어져온 농어촌 사람들의 삶의 터전으로, 먹거리는 물론이고 생활 전반에 필요한 물품들을 내다 팔고 사는 지역 경제의 근간이었다.

그 옛날 명절이 돌아오면 어머니들은 상에 올릴 음식 재료를 구하고, 축제를 맞이한 양 덩달아 따라나선 아이들은 신발과 옷을 선물로 받는 것은 물론이고 이런저런 먹거리도 덤으로 즐길 수 있었다. 우스꽝스럽게 분장을 한 채 구성진 노랫가락을 뽑어내며 엿이나 떡을 파는 각설이는 그야말로 어른, 아이 모두의 시선을 잡아끄는 5일장의 단골 중 단골이었다. 나 또한 어릴 적 찾아갔던 그 시절의 김포 북변 5일장 모습이 아직도 머릿속에 생생하게 남아 있다.

우리는 지금 AI 시대로 불리는 21세기를 살고 있다. 현대인의 생활은 갈수록 편리성과 초접근성으로 진화 중인만큼 생필품이나 먹거리를 구하는 일은 실시간으로 가능해졌다. 아파트 단지 내에 마트가 있고 지하철역 근처에는 대형마트들이 자리해 있으며 온라인으로 주문하면 집 문 앞까지 원하는 모든 물품이 도착하는 시대다. 그럼에도 불구하고 남녀노소 누구랄 것 없이 여전히 즐겨 찾는 곳이 우리의 전통문화를 그대로 이어가는 민속 5일장이다. 결코 사라지지 않고 여전히 굳건함을 과시하니 참으로 대단한 현장이다.

그 이유가 뭘까? 눈으로 보고 입으로 즐기고 손으로 만져보는 즐거움은 당연한 것이고 가슴을 뛰게 하는 흥까지 불러온다. 게다가 나도 모르게 스며들고 마는 그곳만의 특별한 매력은 만난 사람 모두가 정에서 정으로 이어지는 '사람 냄새'를 물씬 풍긴다는 것이다.

우리 김포는 평야 지대와 한강 하류 지역이 결합된 곳으로, 예로부터 김포 쌀은 전국적으로도 유명한 만큼 5일장은 쌀을 중심으로 과일과 화훼류까지 풍성하게 거래되었고 지금도 양곡(1일, 6일), 북변(2일, 7일), 통진(3일, 8일), 하성(4일,

• 김포 북변 5일장 전경.

9일), 군하(5일, 10일) 등 5개의 5일장이 농수산물과 먹거리를 중심으로 그 명맥을 굳건하게 이어가고 있다. 더욱이 도심과 가까워 접근성이 좋다 보니 장이 열리는 곳마다 시민들의 발길이 이어진다.

시의원으로 일하면서 5일장의 주역인 상인들로부터 소소한 민원이 많이 들어온다는 것을 체감했다. 전기나 물 공급은 물론이고 화장실이 낡고 불편하다는 얘기까지 다양했다. 5일장은 수백 명의 경제활동 터전으로 그들의 민생이 걸린 현장이며 어느새 51만 명(2025년 기준)으로 불어난 김포시민들에게는 우리의 전통문화를 접하는 정겹고 즐거운 삶의 현장이자 가성비 좋은 열린 장터다. 시민의 생활문화와 직결되는 곳에 상인도 이용자도 불편한 점이 있다면 아니 될 일이다.

당시 5개 5일장은 각각 상인회가 있었다. 하지만 장의 특성상 상인들은 따로 또 같이 5일장을 지켜나가는 주체들이다. 누군가는 하성장과 김포 북변장을 또 다른 상인은 양곡장과 통진장, 군하장을 돌면서 장사를 하는 식이다. 그러고 보면 장이 열리는 지역만 나뉘어 있을 뿐 상인들은 모두가 한 식구나 다름없다.

나는 상인회 회장들을 만나 어떤 문제이든 제각각 목소리를 내기보다는 하나의 협의체를 만들어 함께 고민하고 의논하여 결정된 사안을 자체적으로 추진하기도 하고 또 시에 제안하여 지원을 받는 것이 최선책임을 제안했다. 이런 과정 속에서 '김포민속5일장연합회'가 탄생했다.

연합회 출범은 곧 5일장 개선 사업 추진으로 이어졌다. 당시 가장 개선이 시급하고 또 바로 실행에 옮길 수 있는 것부터 요청해 시로부터 1억 2,000만 원의 지원을 받았다. 그간 색깔도 다르고 관리 상태도 허술했던 시장 천막을 통일시키고 화장실을 개보수하는 성과를 냈다. 이를 계기로 상인회들로 하여금 '함께'라는 공동체의 힘과 가치를 새롭게 인식하게 되었다는 얘기가 들려왔다.

오늘보다는 더 나은 내일을 추구하는 것은 개인이든 단체이든 똑같다. 그래서 극복해야 할 문제가 늘 있다. 김포민속5일장연합회 또한 풀어나가야 할 현실 과제가 있을 수밖에 없다. 주차시설을 갖추고 더 확장된 장터를 만들고자 부지가 필요하다는 것, 기존 상인들과 신규 상인들과의 의견 충돌을 조율하는 것, 시장 활성화를 위한 예산 확보 등이다.

김포시는 과거에 비해 서울이나 부천, 인천, 고양 등 주변 도시들과의 접근성이 한결 좋아지고 있다. 타 도시들과의 대중교통의 연계 확장으로 인해 그 속도 또한 빨라질 것으로 예상된다. 그러므로 5일장은 단순히 상인들의 생계 현장을 넘어서 시의 문화이자 얼굴이 된다. 이런 점에서 김포시와 김포민속5일장연합회가 함께 김포 5일장 문화를 잘 만들어 갈 수 있길 기대하는 마음이다. 물론, 나도 지금까지 해온 것처럼 함께할 것이다.

김포FC K리그2 승격에 힘을 싣다

'축구'는 내가 좋아하는 스포츠이자 관심사다. 국내외에서 열리는 경기를 화면으로 즐기는 것은 하나의 취미생활이기도 하다. 의원 활동을 하다 보니 바쁘다는 핑계로 자주는 가지 못하지만, 김포FC 경기가 열리는 날 어쩌다 한 번씩 우리 홈구장 김포 솔터축구장을 찾으면 마음이 뿌듯해지곤 한다. 이제 김포FC는 명실공히 우리 김포의 축구 열기와 파워를 대표하는 얼굴로 자리매김했다는 믿음이 크기 때문이 아닐까 싶다.

경기가 열리는 날이면 부모님 손을 잡고 관람하러 온 청소년들과 어린이들의 초롱초롱한 눈빛과 웃는 얼굴을 보면 나도 덩달아서 웃는 얼굴이 된다. 관람석에서 목청껏 외치는

• K리그2로 승격된 김포FC 고정운 감독과 함께.

응원 열기를 보면 무엇보다도 향후 프로축구계에서 김포FC가 새로운 역사를 쓸 것이라는 기대감이 더 커진다. 또 김포FC가 K3리그에서 K리그2로 올라가던 지난 2021년의 일들이 아직도 기억이 생생하기 때문이기도 하다.

하루아침에 크는 나무가 없듯이 김포FC의 오늘이 있기까지는 숨 가쁘게 달려온 13년 세월이 있었다. 그 속에는 이런저런 고뇌와 그것을 극복하기 위한 시간도 있고 많은 이들의 노고와 사랑도 숨어 있다.

김포FC는 2013년 창단된 김포시민축구단을 모태로 하여 2021년에 재단법인 김포FC로 새롭게 출범했다. 시의원으로 활동 중이던 시기였다. 그해 김포FC는 K3리그 소속이었고 우리 시에서는 K리그2 진출을 위해 준비 중이었다. 우리 지역 축구 꿈나무들을 위한 발판을 마련하는 한편 축구를 향한 시민들의 열망에 부응하고자 하는 의지였다.

하지만 어려움이 많았다. K리그2로의 도약에는 예상보다 훨씬 많은 재정적 준비가 요구되었다. 그뿐만 아니라 그해 12월에는 U-18팀 창단까지 예정되어 있어, 재정적 부담은 더욱 커질 수밖에 없는 시점이었다.

9월 열린 김포시의회에서는 다수의 의원이 프로리그 진출 시 필요한 재원 조달과 관련해 일제히 우려를 표했고 특히 예기치 않은 비용 투입에 대한 부담감을 강조했다.

나는 당연히 적극 찬성하는 입장이었기에 반대의견에 부딪히면서 매우 힘든 상황에 처했다. 당시 김포FC는 K3리그를 대표하는 강호로 자리 잡고 있었던 터였다. 그러니 목소리를 키울 수밖에 없었다.

"지금 우리 김포FC는 창단 후 최고 수준의 성적을 만들고 있습니다. 이 정도면 K리그2에서도 나름 좋은 성적을 거둘 수 있을 것이고 U-18팀도 육성하면서 우리 김포를 대표하는 스포츠로 시 발전에도 큰 역할을 할 수 있을 겁니다. 의원님들이 힘을 실어주셔야 합니다."

당시 구단주였던 정하영 김포시장 또한 시의회 회의장에 출석해 광고 후원, 멤버스 클럽 운영, 굿즈 판매, 임대 수익 등 자체 재원 조달 계획을 구체적으로 제시하는가 하면 후원 기업 유치 노력을 약속하기도 했다.

다행히도 염원은 이루어졌다. 10월에 열린 김포시의회 제213회 임시회에서 김포FC 프로리그 진출 동의안은 가결됐고 12월 드디어 한국프로축구연맹 회원사 가입 최종 승인이 났다. 이듬해인 2022년부터 K리그2 진출이 성사된 것이다. 이에 부응이라도 하듯 11월엔 김포FC가 대한축구협회 주최·주관 K3리그 챔피언십에서 김포시민축구단 창단 후 최초 우승의 역사를 썼다.

2022년 K리그2에 올라선 김포FC는 3월 첫 홈경기를 서울이랜드FC와 진행했다. K리그2 첫해인 2022 시즌에서 8위를 기록했고 2023 시즌에서는 3위까지 올라서는 기염을 토했다. 그리고 2024 시즌에서는 K리그2의 중간 순위인 7위를 유지했다.

사실 나는 30~40대 때 축구를 취미로 즐기는 축구 마니아였다. 서울에서 살던 시절에도 주말이면 김포 본가에 와서 사우동 조기축구회원으로 활동하면서 김포에 시민 축구 훈풍을 확산시키는 데 동참했다. 전 국가대표이자 축구협회 부회장을 지냈으며 현재 김포FC를 돕고 있는 대선배인 이회택

• 축구를 좋아하는 나는 김포FC가 경기하는 날 경기장을 찾곤 한다.

고문이 바로 우리 사우동 출신으로 고향 선배이기도 했으니 유년 시절부터 축구 사랑은 남다를 수밖에 없었다.

나이는 속일 수 없는 진실인가 보다. 축구를 너무 즐겼던 걸까. 나이 50이 된 이후로는 축구경기에 참여하는 동호회 활동도 그만두게 되었다. 무릎관절에 이상 증세를 느낀 후로 축구는 보는 것과 김포FC를 응원하는 것으로 만족하고 있다. 부디 김포FC가 대한민국 프로축구계의 정상이 되기를 손꼽아 기다린다. 우리 시 축구 꿈나무인 유소년 축구단과 U-18팀이 그 소망을 이뤄줄 수 있지 않을까.

4

✳

민선 8기 도의원, 더 넓은 곳에서 김포를 대변하다

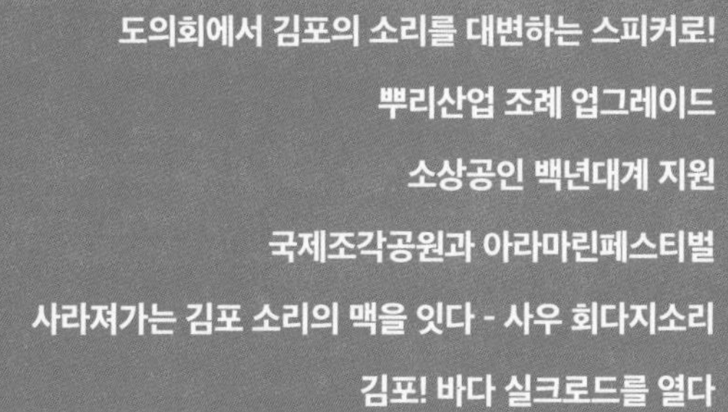
도의회에서 김포의 소리를 대변하는 스피커로!
뿌리산업 조례 업그레이드
소상공인 백년대계 지원
국제조각공원과 아라마린페스티벌
사라져가는 김포 소리의 맥을 잇다 - 사우 회다지소리
김포! 바다 실크로드를 열다

✳

상은 어떤 상이든 언제 받든 기분 좋다. 그해 12월 나는 경기도의회 대회의실에서 '2023년 의정·행정대상 상임위 베스트 의원 부문'을 수상했다.

이는 경기도 및 경기지역 지자체와 지방의회를 대상으로 활동하는 10개 언론사 주재 기자들이 언론 보도 횟수, 조례 발의 건수, 선호도 조사 등을 바탕으로 경기도 일간기자단 회원과 외부 심사위원(경기도의원, 자문위원 등)의 심사를 거쳐 최종 선정한 것이다.

「경기도 뿌리산업 진흥 및 육성에 관한 조례」를 비롯해 「경기도 지역화폐의 보급 및 이용 활성화에 관한 조례」 개정, 김포공항 소음 피해 주민을 위한 「공항소음 방지 및 소음 대책 지역 지원에 관한 법률」 개정 촉구 건의안 발의 등으로 도민들의 권익 보호 도모를 위한 입법 활동을 한 것이 좋은 평가를 받은 듯싶다.

도의회에서
김포의 소리를 대변하는 스피커로!

그때는 "시작이 반이다"는 말이 아쉽게만 느껴졌다. 시의원으로 발을 내딛는 순간 포부는 컸고 시민들 삶의 현장으로 들어가 경청을 하고 현안 과제를 찾아내고 해결책에 대한 로드맵을 세워 일을 추진하면서 바쁘게 움직였지만, 때로는 '시의원'이라는 한계에 부딪히는 일도 있었다. 그렇게 4년의 시간은 빠르게 흘러만 갔다.

2022년이 되자 민선 8기 지방선거가 나를 기다리고 있었다. 코로나19로 뒤숭숭한 시기였지만 한번 들어선 길인 데다 당초 추진하고자 했던, 해야 할 일도 많았기에 초선으로 만족할 수는 없는 상황이었다. 정치인으로서의 욕심이 아니라 김포시를 위해 일하기로 나선 이상 아쉬움만 남기고 멈출 수는 없다는 의지 때문이었다.

'시의원 재선에 나설 것인가? 도의원에 도전할 것인가?'를 놓고 갈등하며 고민의 시간을 가졌다. 그때 국민의힘 김포시(갑) 당원협의회 박진호 위원장이 내게 제안했다.

"김포시 도의원 4명 모두가 더불어민주당입니다. 여야가 어느 정도 균형을 유지하면서 서로 견제하면서 상대의 단점을 보완해가는 게 좋은 정치 아닌가요? 도의원에 도전하시지요."

나의 생각도 그랬다. 애초부터 '네 편' '내 편' 하면서 언쟁을 일삼는 게 정치의 길은 아니라는 생각이 강했다, 견제와 균형 그리고 협치를 통해 시민이 바라는 방향으로 파수꾼으로서의 소임을 다하는 것이 맞다는 입장이었다. 게다가 시의회에서 시민을 위한 목소리를 냈으니 이번에는 도의회에 가서 김포시를 대변하는 스피커가 되어야겠다는 도전 의욕이 생겨났다.

더불어민주당의 세가 강한 바람을 일으켰던 지역 특성상 당선 확률이 높다고 볼 수는 없었다. 시의원 출마 시에도 그랬듯이 나는 당적을 내세우기보다는 '시민이 원하는 길 홍원길'을 내세웠고 '시의회 경험을 토대로 도의회에서 목소리를 낼 수 있는 홍원길'을 강조하기로 했다.

그해 초 정치 풍향계는 여야가 팽팽하게 돌아가는가 싶

더니 3월에 있었던 20대 대통령 선거에서 윤석열 전 대통령이 당선되면서 민심이 국민의힘 편에 힘이 실리고 있었다. 그런 분위기를 업고 뛰겠다는 짧은 생각보다는 '나는 나로서 인정받겠다'는 의지와 신념이 강했다.

선거유세차 거리로 나갔을 때 놀랐다. 특히 학생 자녀를 둔 어머니들 사이에서 들려오는 얘기가 나로 하여금 도전의 힘을 더할 수 있는 동기부여가 됐다. "성실하다", "진정성이 있는 사람이다", "열심히 일하는 분이다"라는 평가가 지배적이라는 게 아닌가. 진심을 갖고 임하는 평소의 활동 자세가 시민들에게 어떻게 영향을 미치는지를 그때 깨달았다.

12년 전 국회의원 후보 사무국장으로 정치에 몸담게 되었을 당시 내가 자발적으로 찾아간 곳이 있었다. 후보가 민심을 제대로 대변하려면 현장의 목소리가 중요하므로 주변의 누가 전하는 얘기를 들을 게 아니라 직접 시민들과 자연스럽게 어울리는 가운데 그 속에서 답을 구해야 한다는 생각에서였다. 그래서 나간 곳이 학교 인근 신호등이 위치한 거리였다. 매주 화요일 오전 8시 20분부터 9시까지 어린이들의 등교 교통 지도 활동을 했다.

이는 '녹색어머니회'가 주도하는 활동이었기에 다수가 30~40대 엄마들이었지만 내가 '50대 남성'이라는 것은 잊어버린 채 꾸준히 참여했다. 내가 돕던 후보자가 국회의원이

• 도의원으로서 김포시를 대변하는 스피커가 되고자 한다.

된 후에도 또 내가 시의원이 되고 나서도 교통 지도는 계속 해서 이어갔다.

진심은 통한다고 했던가. 6월 지방선거에서 시민들의 지지를 받아 도의원에 당선되는 영광을 안았다. 각계각층의 시민들이 표로써 인정을 해주었지만, 그 시절 함께 교통 지도를 했던 어머니들의 진심이 담긴 평가와 입소문도 선거에 적잖은 긍정의 영향력을 미쳤을 것이라는 짐작이 갔다. 홍원길 시의원의 교통 지도 활동은 보여주기 위한 일시적인 쇼가 아니라 아이들 안전을 지키는 일에 또 시민의 목소리에 경청하는 데 진심이었음을 인정해준 게 아닌가 싶다.

무게감이나 중요도를 떠나서 시의원과 도의원의 역할은 같으면서도 또 다르다. 전자가 시의 의결 기관인 시의회를 구성하는 의원으로서 현장의 민심을 빠르게 공론화하고 반영하는 역할이라면 도의원은 그 무대를 더 확장시켜 도의 의결 기관인 도의회를 구성하는 의원으로서 전체를 보기도 하지만 시민의 목소리와 시의 입장을 대변하는 대외적인 스피커 역할을 할 수 있기 때문이다.

지난 4년을 다시 돌이켜보게 되는 시간이다.

"나는 정말 도의원으로서 역할을 잘 했는가?"

"진심만큼이나 최선을 다했는가?"

"시민, 도민의 기대에 얼마나 부응했는가?"

질문에 대한 답은 내가 내릴 일이 아니다. 시민과 도민이 내려줄 것이다.

여야 정당이 다르면 말도 섞지 않는 시·군이 있는 데 비해 우리 김포시 도의원들은 협치 정신으로 함께 어려운 것을 해내고 있다. 서로 마음을 열고 여야를 떠나 무엇이 시를 위하고 시민을 위하는 길인지 함께 찾고 노력해오고 있다. 평상시에도 우리 도의원들은 서로를 존중하고 협치를 위해 애쓰고 있다.

뿌리산업 조례 업그레이드

"도시는 무엇으로 성장하는가?"라는 질문에 대한 답은 제각각이다. 직장생활과 제조업 창업 경험을 한 나로서는 의원 활동 이전부터 현시대에서는 산업이 경제의 근간을 이끌고 시민의 관심과 참여하에 교육, 문화, 체육, 예술 등이 함께 꽃을 피워야만 한다는 입장이었다.

2022년 5월 기준 우리 시는 6만 1,100명의 소상공인과 4,223개의 소기업, 1,049개의 중기업 그리고 23개의 대기업이 경제의 근간을 이루고 있다. 항구와 국제공항이 자리해 국내·해외 물류의 선도자 역할을 하는 인천시와 맞닿아 있고 수도 서울과도 직선으로 곧장 연결되는 좋은 입지를 갖추고 있는 게 사실이다. 이는 산업이 지속 가능하게 발전하고 성장할 수 있다는 의미이기도 하다.

경기도의회에 들어가 전반기 활동을 경제노동위원회에서 한 이유도 우리 시가 갖고 있는 이 같은 경제활동 여건에 힘을 보태고자 하는 생각에서였다. 나의 초점은 일, 휴식, 네트워킹이라는 큰 틀 아래 우리 시의 산업단지 활성화와 일자리 창출 그리고 소공인 지원사업에 맞추어졌다.

"알아야 면장(免牆)한다"는 말이 있듯, 혁신이든 개선이든 제안과 실행을 이끌어가려면 먼저 해야 할 것은 공부다. 시의원 시절 이미 '조례연구모임'에 들어가 용어 정리, 바뀐 상위법 정리 등을 하며 조례 제·개정에 대한 공부를 한 적이 있었다. 이는 지금까지도 의원 생활에 있어 큰 도움이 되고 있다.

2024년 4월 경기도의회 경제노동위원회 회의실에서 열린 '경기도 뿌리산업 진흥 및 육성 3개년 종합계획 좌담회'에 참석하여 종합계획을 청취할 수 있는 계기가 있었다. 당시 경기도는 '경기도 뿌리산업 비전 선포식'을 열고 경기도가 제조업의 근간인 '뿌리산업'을 육성하기 위해 3년간 958억 원을 투입해 디지털 제조 혁신 등 22개 과제를 추진한다고 밝혔다.

'뿌리산업'이란 2011년 7월 제정된 「뿌리산업 진흥과 첨단화에 관한 법률」을 근거로 주조, 금형, 용접, 표면처리, 소

• 2024년 4월 경기도 뿌리산업 진흥 및 육성 3개년 종합계획 좌담회에 참석하였다.

성가공, 열처리 등 '공정기술'을 활용해 부품 또는 완제품을 생산하는 산업을 말한다. 나무의 뿌리처럼 겉으로는 드러나지 않으나 최종 제품에 내재해 제조업 경쟁력의 근간이 된다는 의미에서 뿌리산업이라 지칭했다는 후문이다.

나는 시대가 달라졌는데도 '뿌리산업'의 정의는 10여 년 이전의 법 테두리 안에 갇혀 있다는 것에 주목했다. AI가 모든 산업의 출발점에서 함께 작동하는 시대다. 그렇다면 뿌리산업을 제대로 발전시키려면 뿌리산업과 첨단산업을 결합한 산업 육성 정책이 뒤따라야 한다는 견해를 밝혔다. 이에 따라 그해 6월 나는 「경기도 뿌리산업 진흥 및 육성에 관한 조례」 개정을 제안했고 개정 내용에는 6대 공정 기술에 차세대 공정 기술 확대·적용, 뿌리산업의 고도화 및 첨단화 등을 담았다.

경기도가 준비한 경기도 뿌리산업 진흥 및 육성 3개년 종합계획에는 내가 대표발의해 개정된 조례 내용이 포함되었다. 이어서 경기도는 기존 뿌리산업을 기반 공정 기술 6대 분야에서 소재 다원화 공정 기술, 지능화 공정 기술 등 총 14대 기술로 확대·재편하고, AI 시대로 진입하면서 비전을 '뿌리산업의 고부가화·첨단화·글로벌화'로 선언하고 4대 전략 분야 22개 과제로 계획을 수립했다. 이에 대해 도의원과 경제인들은 물론이고 관계자들은 이 계획을 환영하며 시의적절한 종합계획이라고 평가했다.

그해 12월 나는 경기도의회 대회의실에서 '2023년 의정·행정대상 상임위 베스트 의원 부문'을 수상했다. 이는 경기도 및 경기지역 지자체와 지방의회를 대상으로 활동하는 10개 언론사 주재 기자들이 언론 보도 횟수, 조례 발의 건수, 선호도 조사 등을 바탕으로 경기도 일간기자단 회원과 외부 심사위원(경기도의원, 자문위원 등)의 심사를 거쳐 최종 선정한 것이다.

• 나는 경기도일간기자단이 선정하는 '2023년 의정·행정대상 상임위 베스트 의원 부문'을 수상했다.

「경기도 뿌리산업 진흥 및 육성에 관한 조례」를 비롯해 「경기도 지역화폐의 보급 및 이용 활성화에 관한 조례」 개정, 김포공항 소음 피해 주민을 위한 「공항소음 방지 및 소음대책 지역 지원에 관한 법률」 개정 촉구 건의안 발의 등으로 도민들의 권익 보호 도모를 위한 입법 활동을 한 것이 좋은 평가를 받은 듯싶다.

이어서 2024년 대한민국 시·도의회의장협의회에서도 나는 의정활동이 우수한 의원으로 선정되는 영광도 안았다. 물론 상은 앞으로 더 잘하라는 당부가 실려 있고 또 나 스스로 더 잘해야 한다는 다짐을 하게 하는 것인 만큼 상이 주는 그 무게감은 여전히 크게 느껴진다.

■ 입법 활동(대표발의)

연번	조례명	소관 위원회	공포일	비고
1	「경기도 뿌리산업 진흥 및 육성에 관한 조례 일부개정조례안」	경제노동 위원회	2023년 3월 6일	일부 개정
2	「경기도 지역화폐의 보급 및 이용 활성화에 관한 조례 일부개정 조례안」	경제노동 위원회	2023년 7월 18일	일부 개정
3	김포공항 소음 피해 주민을 위한 「공항소음 방지 및 소음 대책 지역 지원에 관한 법률」 개정 촉구 건의안	건설교통 위원회	-	-
4	「경기도 소상공인 보호 및 지원에 관한 조례 일부개정조례안」	경제노동 위원회	2024년 7월 18일	일부 개정
5	「경기도 체육시설 관리 및 운영 조례 일부개정조례안」	문화체육 관광위원회	2025년 1월 20일	일부 개정
6	「경기도 한류산업 진흥 및 문화 조성 지원에 관한 조례안」	문화체육 관광위원회	2025년 7월 18일	제정

소상공인 백년대계 지원

중견기업 직장인으로 일했고 중소기업을 직접 창업하여 경영도 했지만 소상공인으로 활동을 한 적은 없다. 하지만 이웃이나 친구, 지인 등 자주 만나는 김포시민 중에는 소상공인이 적지 않다. 김포시 소상공인 수가 6만여 명에 이르니 그럴 만도 하다. 그러니 시의원 활동 이전부터 소상공인들과 만나 사는 얘기도 나누고 사업상의 이런저런 애로점을 듣는 것은 평범한 일상이었다.

소상공인은 시민들의 의식주 등 일상생활과 밀접한 서비스 분야에 종사하는 경우가 많고 대부분 소규모 사업장을 가지고 있다. 일이 곧 생계와 직결되며 시민 생활의 접점에서 만나는 이들이 대다수다. 그들은 평범한 우리의 이웃이기도

하지만 국가 경제의 실핏줄 역할을 하는 주역들이라는 점에서 그 역할의 중요성이 크다. 소상공인들의 사업이 안정적으로 흘러가면서 지속 성장이 이루어질 때 시민 삶의 질도 높아지고 국가 경제도 발전하기 마련이다. 다만 소상공인 다수가 재정적으로 여유가 없고 전문적이고 체계적인 경영이 부족한 실정이기에 정부나 관계기관의 지속적인 관심과 지원이 필요하다.

시의원 시절부터 나는 소상공인들을 더 가까이서 만나 그들의 실상을 들여다보고 고충과 애로점이 무엇인지 파악하여 힘닿는 데까지 도움이 되어보겠다는 자세로 일했다. 그러다 보니 김포시 '5일장연합회' 출범에도 힘을 보탤 수 있었다. 그뿐만이 아니다. 지역구의 고촌상인회와 사우상인회 회원들과 만나 소통하며 김포시 다른 지역 상인회와의 교류를 통해 상인연합회를 결성할 것을 권유하기도 했다. 소상공인으로서 자신들의 목소리를 내고 공동 번영을 이끌어가기 위해서는 힘을 하나로 모을 수 있는 조직이 필요하다는 생각에서였다.

민선 8기 도의회 전반기에 나는 경제노동위원회 소속 의원이었다. 소상공인을 위한 목소리를 제대로 낼 수 있는 기회라고 여겼다. 소상공인 사업정리 지원사업 및 재창업 지원

• 2024년 제375회 정례회 제1차 경제노동위원회에서 내가 대표발의한 「경기도 소상공인 보호 및 지원에 관한 조례 일부개정조례안」이 상임위 심사를 통과했다.

사업과 또 이와 연계한 재창업 효과 극대화를 위한 사후관리 시스템 강화가 절실하다고 보았고 '소상공인 생애주기를 고려한 사업의 연동성'을 마련해야 한다는 의견을 내놓았다.

2023년 11월 열린 제372회 경기도의회 경제노동위원회에서는 경기도시장상권진흥원에 대한 행정사무감사가 있었다. 이 과정에서 나는 코로나19 이후 여전히 어려움을 겪고 있는 소상공인들의 사업 활성화를 위해 경기도시장상권진흥원이 지원하는 사업들의 성과를 독려하고 문제점을 지적하며 더욱 분발해줄 것을 제안했다.

'소상공인 사업정리 사업'은 소상공인들이 어려운 경영 환경을 극복하지 못하고 사업을 정리할 때 지원하는 사업이다. 35억 원의 예산을 마련하여 2023년 9월 말 기준 5개 분야 사업정리 컨설팅을 1,034개사 대상으로 진행했으며, 재기 장려금 및 점포 철거비로 사용할 수 있는 사업정리 지원금 최대 300만 원을 573개사에 지원했다. 하지만 이 사업을 통해 소상공인들이 재기하는 성과가 보이지 않았기에 이를 지적하고, 목표 사업량 완료라는 수치만으로 소상공인 경영 활성화를 이끌었다고 보기 어렵다고 발언했다. 단순히 폐업을 지원하는 것이 아니라 재기를 위한 발판이 되어야 하므로 소상공인 생애주기에 맞춰 체계적으로 관리될 수 있는 시스템을 구축할 필요가 있음을 강조했다. 아울러 경기도시장상권진흥원의 다양한 사업들이 어려움에 처한 경기도의 소상공인들이 활로를 찾을 수 있도록 노력을 기울여줄 것과 사업 활성화에 집중해줄 것을 주문했다.

홍시가 떨어질 때까지 감나무 아래서 기다리고만 있을 수는 없는 일이다. 2024년 상반기 나는 '백년 소상공인 지원사업' 확대를 위한 근거 마련에 주력했고 내가 대표발의한 「경기도 소상공인 보호 및 지원에 관한 조례 일부개정조례안」이 그해 6월 17일 열린 경기도의회 제375회 정례회 제1차 경제노동위원회 심사를 통과했다.

• 2023년 6월 7일, 경기신용보증재단 김포지점 일일명예지점장으로서 김포시 중소기업과 소상공인의 경영애로를 듣는 시간을 가졌다.

소상공인은 시는 물론, 더 나아가서는 국가 경제를 떠받치는 주역들이다. 다만, 경기 침체, 경영 노하우 부족 등의 이유로 경영에 어려움을 겪는 경우가 많다. 이에 조례를 개정하여 경험과 노하우를 가진 소상공인인 백년 소상공인을 안정적·체계적으로 육성·지원할 수 있도록 계기를 만들었고 성공 모델 확산과 지역경제 활성화까지 기여할 것으로 기대하고 있다.

국제조각공원과
아라마린페스티벌

현재 인구가 50만 명으로 불어난 김포는 향후 70만이 모여 사는 더 큰 도시가 될 것으로 예상된다. 우리 시 시민의 평균 연령은 42.8세다. 인구소멸을 염려하는 수많은 지자체에 비하면 희망을 품은 꿈터이자 경쟁력을 갖춘 도시다. 다만 모든 시민의 바람은 지속 가능한 발전과 성장이다. 이것을 기대하고 또 기다릴 것이다. 그렇다면 시는 30년 후, 50년 후를 내다보고 시민들의 삶의 질을 높이기 위해 어떤 정책을 어떻게 펴야 하는가에 대한 과제를 안고 있는 셈이다.

2024년 7월부터 시작된 도의회 하반기에 나는 문화체육관광위원회 소속 위원이 됐다. 현대인들이 추구하는 삶의 공통된 분모는 워라벨(Work and Life Balance)이다. 주 4.5일제까지 거론되는 시대에 와 있는 만큼 시민들이 여가와 휴식을 어떻게 즐길 수 있도록 할 것인가는 매우 중요한 사안이다. 문화 예술이야말로 시민들의 삶을 고품격으로 풍요롭게 해 줄 수 있는 테마라는 점에서 다양한 고민을 해야만 했다.

나는 공공시설이나 문화 공간의 경우 없는 것을 새로 만들기보다는 있는 것을 발전시키거나 더 새롭게 가치 있게 만드는 것이 우선돼야 한다는 입장이다. 더욱이 우리 시는 '서해로 흘러가는 한강을 낀 평야 지대'이자 '자연유산을 품은 도시'인 만큼 더더욱 우리 것을 훼손하지 않고 지켜나가야 할 의무가 있다. 새로운 시설물을 만드는 데 소요되는 예산 낭비를 줄이는 것은 물론이고, 이런 태도가 21세기 화두가 된 기후 환경을 보호하고 잘 가꾸기 위한 첫걸음이라는 생각에서다.

경기도 김포시 월곶면 용강로13번길 38에는 '통일'을 주제로 만들어진 세계 유일의 테마공원인 '김포국제조각공원'이 있다. 1998년 조각 미술 작품으로써 평화통일의 메시지를 전 세계에 전파하기 위해 세계 유수의 미술가들이 모여 조성한 조각공원이다. 세계적 조각가 14인과 국내 저명 작가 16인의 작품 총 30점 속에는 평화와 통일을 기원하는 김포시민의 염원이 깃들어 있다. 천혜의 자연 속 예술 공간 조성을 콘셉트로, 자연환경 보존을 우선하는 한편 작품 구상에서부터

환경과의 조화에 충실한 작품들을 설치하여 자연과 예술, 인간이라는 삼자의 이상적인 조화를 실현하는 공간이다.

김포국제조각공원은 입지에 있어서도 우리의 소중한 보물이다. 김포시는 남과 북, 내륙과 해안을 연결하는 교통의 중심지로 서울과 강화를 잇는 길목이다. 또 우리 시의 명소인 애기봉평화생태공원과 문수산 산림욕장이 지척에 있으니 사계절 언제라고 할 것 없이 가족 나들이와 산책코스로도 더할 나위 없이 좋은 장소다.

안타까운 것은 공원이 생긴 지 사반세기가 지났음에도 불구하고 서울이나 수도권 서부 지역민들에게조차 잘 알려지지 않았다는 것이다. 시민들 또한 초기에는 자주 찾았지만 점차 관심이 시들해졌다. 지속적인 예산 투입을 통한 관리는 부족했고, 대외홍보가 제대로 이루어지지 않아 점점 유명무실한 공간으로 변모하고 말았다.

잊혀지는 공간이 되기 전에 이제라도 김포국제조각공원의 위상과 존재감을 다시 세워야 한다는 결심이 섰다. 그 첫 걸음은 예산을 마련하는 일이다. 이에 따라 예산 확보를 위해 도의회에서 특별조정교부금을 확보하고자 애를 썼다.

그 결과 우리 김포시 도의원들과 함께 2025년 1차 경기도 특별조정교부금으로 총 32억 원을 확보했다. 이 예산은 시민들의 생활 편의와 문화·체육 인프라 개선을 위한 지역 현안

• 경기도의회 문화체육관광위원회 소속으로 김포국제조각공원과 아라마린페스티벌 활성화에 주력했다.

사업에 투입되었고 이 중 4억 원이 김포국제조각공원 유지보수, 환경 개선에 사용될 예정이다.

경기도 특별조정교부금은 시·군의 특정 지역 현안 해결을 위해 경기도가 지원하는 예산이다. 특별조정교부금 확보에는 지역구 도의원들의 정책적 노력과 지속적인 의정활동이 핵심적인 역할을 했다는 평가를 받고 있다.

개선사업이 완료되면 조각공원은 우리 시의 명소로 다시 자리 잡게 되어 시민들은 물론이고 서울과 인근 지역 시민들도 즐겨 찾는 평화통일에 대한 염원과 예술이 함께 숨 쉬는 특별한 공간으로 거듭날 것이라는 기대감이 앞선다.

그런가 하면 6월 14일부터 17일까지 나흘간 김포시 고촌읍 아라마리나 일원에서 화려하게 펼쳐진 '2025 김포 아라마린페스티벌'도 도의회 문화체육관광위원회 소속인 나에게 일하는 보람을 한층 더 크게 느끼게 해주는 계기가 되었다.

김포시와 K-water가 공동 주최하고 케이워터운영관리(주)가 주관해온 '김포 아라마린페스티벌'은 2026년 10회째를 맞이하게 될 축제인데, 2024년까지는 이틀간에 걸쳐 열렸었다. 하지만 2025년에는 '2025 경기대표관광축제'에 선정되면서 4일로 확대 편성되었다. 오리보트와 범퍼보트, 워터슬라이드를 추가한 데 이어 다른 해양 레저축제에서는 보기 드문 수상레저올림픽까지 개최돼 더욱 막강해졌다는 갈채를 받았다.

2025년 열린 제9회 '2025 김포 아라마린페스티벌'은 예산을 확보하고 프로그램을 다양화함으로써 '수도권 최대 해양레저축제'로 자리매김할 수 있었다는 평가이며, 도의원으로서 이에 크게 기여했다는 평가를 받고 있다.

도의원으로서 우리 시를 위해 마땅히 해야 할 일을 한 것

• LG헬로비전의 방송 프로그램 〈헬로 이슈토크〉에 출연하여 김포의 문화·예술·관광 자원 개발에 관해 이야기했다.

이지만 "칭찬은 고래도 춤추게 한다"는 말도 있듯이 칭찬과 격려에 더욱 힘이 난다. 남은 임기 동안에도 더 적극적으로 우리 시의 문화·예술·관광을 한층 더 끌어올리는 일에 주력하겠다고 다짐한다.

사라져가는 김포 소리의 맥을 잇다 - 사우 회다지소리

관을 실은 상여가 장지를 향해 움직인다. 상여 앞에 선 선소리꾼의 구슬픈 가락이 울리고 그 중간중간 상여꾼들의 후렴이 합창으로 흘러나온다. 굴건제복을 갖춘 상주와 상제가 상여를 뒤따른다. 장지에 도착해 입관의식을 치르고 무덤을 다지는 과정에서 흙에 횟가루를 섞어 넣을 때도 소리가 이어진다. 이렇듯 발인에서 하관에 이르는 전 과정에서 '회다지소리'가 불린다. 이것은 장례 전통과 철학이 담긴 삶의 노래다.

한강 하류의 넓은 평야 지대에 위치한 사우동은 조선 인조의 생부 원종과 인헌왕후의 능인 '장릉'을 품고 있는 유서 깊은 지역으로, 회다지소리는 장례문화를 대표하는 민요다. 망자를 보내는 슬픔을 품은 노랫가락이지만 마을 공동체의 정서와 철학이 깃든 삶의 노래이기도 하다. 망자의 극락왕생을 기원하고 남은 이들의 슬픔을 위로하는 깊은 정서를 담고 있어 전문가들로부터 "죽음을 자연의 섭리로 받아들이고 삼라만상의 이치를 담백하게 풀어낸 소리"라는 평가를 받고 있다.

40여 년 전 20대 시절만 해도 사우 회다지소리를 접하는 것은 특별한 일이 아니었다. 마을에 초상이 나면 으레 등장하는 소리이자 의식이었다. 나 역시 친구의 부모님이 돌아가셨을 때 상여꾼으로 참여하여 선소리꾼이 이끄는 가락에 후렴구를 합창했다. '생로병사'로 일컫는 우리의 인생길 마지막 의식을 이끈 이 소리는 민초들의 삶의 연장선에서 함께 이어져왔고 마을 공동체의 슬픈 미학을 이루었다.

언제부터인가 사우 회다지소리가 우리 곁에서 사라져갔다. 충북이나 전남의 일부 지역에서는 지금도 종종 장례식에서 상여꾼들이 상여를 메고 사우 회다지소리와 유사한 장송곡을 부르는 문화가 남아 있다고 한다. 하지만 우리 지역에서는 이미 30여 년 전부터 그 모습이 자취를 감추었으니 몹시 안타까운 일이었다. 김포지역의 급속한 도시화와 함께 전통 방식의 장례문화가 사라졌기 때문이다.

사우 회다지소리는 '김포 상두꾼소리'라는 이름으로 1989년 경기도 민속예술경연대회와 1990년 전국민속경연에 출

• 김포 사우 회다지소리 정기 발표회 현장에서.

품되었으며, 1998년 제6회 경기도 민속예술경연대회에서 '사우 회다지소리'로 최우수상을 받으며 그 예술성과 가치를 공인받았다.

현재의 우리는 전통의 맥을 이어 미래 후손들에게 소중한 문화유산을 남겨주어야 한다. 전통음악인들, 동네 어르신들, 그리고 선배와 친구들로부터 사우 회다지소리의 명맥이 이어져야 한다는 말을 자주 들었고 나 또한 지역의 소중한 무형유산이 시나브로 사라져가는 이 상황을 그대로 지켜볼 수만은 없었다.

마침, 경기도에서는 비지정 무형유산의 멸실을 예방하기 위해 기초자료 확보를 목적으로 '2025 경기도 비지정 무형유산(예능) 연구 지원사업'을 시작했고 '김포 사우 회다지소리'가 이 공모에 선정됐다. 희소식이었다.

공모사업에 선정되면서 사우 회다지소리 보존 연구를 위한 첫걸음이 시작됐다. 2025년 7월 13일 오전 11시, 김포 사우1통·3통 마을회관에서는 김포 사우 회다지소리 발대식이 열렸다. 주민들과 관계자들이 함께 참여해 사라져가는 전통 장례민요인 '회다지소리'를 시연했으며 이를 보존하려는 의지를 다졌다.

시연하는 내내 마을회관에 모인 연세 드신 어머니들이 눈물을 보였다. 순간 내 마음도 찡하게 느껴졌다. 지역 공동체의 오랜 정서와 장례문화를 고스란히 담고 있는 김포 사우 회다지소리가 다시 태어나면 어르신들에게는 오래전 먼저 보낸 조상과 이웃들을 기억하는 계기가 될 것이다. 그리고 사우리 사람들의 과거 문화가 사라지지 않았음을 확인하는 기쁨을 느낄 것이다.

이어서 9월 28일, 향산전통근린공원에서 '제1회 천상의 소리 김포 사우 회다지소리 정기 발표회'가 열렸다. 경기문화재단이 주최하고 꼬꾸메풍물단이 주관하며 김포사우회다지소리보존회·김포향산농악보존회·사단법인 한국국악협회

• 2025년 제1회 천상의 소리 김포 사우 회다지소리 정기 발표회.

김포지부가 후원 단체로 참여했으며 사단법인 한국국악협회 김포지부 황인성 지부장이 기획·연출을 맡았다.

김포사우회다지소리보존회 회원들이 무대에 올라 사우회다지소리를 직접 시연했다. 전통 상여 행렬의 형식을 그대로 재현하면서 시민들에게 전통의 울림을 전했다. 김포의 장례의식 소리가 시민 곁에서 다시 살아나는 순간이었다. 우리가 지역 무형유산의 연구 기반을 확충하고 전승을 위한 중요한 발판을 마련하게 되었다는 점에서도 기쁘기 그지없다.

매년 시연과 교육을 통해 이 전통을 지속적으로 계승하

고, 후손들에게 삶과 죽음의 의미를 되새기는 소중한 유산으로 물려줄 수 있는 계기를 마련했다. 더 나아가 앞으로도 김포의 비지정 무형유산이 갖는 보존 가치와 문화적 깊이를 학술적으로 연구하여 장기적으로는 지정 무형유산이 될 수 있도록 노력할 것이다.

김포!
바다 실크로드를 열다

"김포여객터미널~대명항 바다 물길 열었다"

2025년 10월 27일자 N 언론의 기사 제목이다.

우리 시는 2025년 10월 25일 김포여객터미널에서 대명항까지 이어지는 바다 물길을 재개통하는 역사적인 순간을 맞이했다. 이것은 한국전쟁 이후 70년 만의 일로, 이날은 감격과 감동이 함께 일었다.

김포가 '강의 도시'가 아닌 '바다를 품은 도시'임을 알리고 해양관광도시로 나아가기 위한 첫걸음을 내딛는 의미 있는 자리를 열었다. 우리 김포시민과 내외빈 등 250여 명을 태운 여객선은 김포터미널부터 대명항에 이르는 물길 개척 항

• 시민들이 뜨거운 열기 속에 '김포는 바다다' 행사가 열렸다.

해를 시작했다.

나와 시민들은 고촌 아라마리나에서 승선해 인천터미널을 거쳐 대명항으로 향하는 편도 35㎞, 왕복 6시간의 여정 속에서 김포 바다 물길 개방을 축하하고 김포 바다의 역사를 조명하는 선상 세미나와 공연에 함께했다.

이번 항해는 한강과 서해가 만나는 지리적 요충지인 김포의 묻혀 있던 해양 가치를 재조명하고, 시민들과 함께 김포 해양 르네상스의 새로운 출발을 알리며 역사와 미래를 잇는 해양 관광의 새 물길을 개척했다는 데 큰 의의를 둔 행사였다.

선상 세미나에서는 김포의 해양문명적 가치를 확인하며 대명항 재활성화의 필요성이 강조되었고, 대명항을 시민 축제와 탐방형 프로그램으로 되살려야 한다는 의견과 더불어 해양문화와 지역 스토리를 결합한 해양레저·관광 콘텐츠로의 발전 방향까지 제시되었다. 이번 항해는 단순한 체험을 넘어 김포 해양 르네상스의 실질적 출발점이 되었다고 할 수 있다.

'김포'라는 지명은 본래 '黔浦(검포)'에서 유래된 것으로 '신령스러운 포구'라는 뜻을 내포하고 있다. 즉 '국가 항구'라는 의미를 지녔다. 문화재 연구학자들에 따르면 김포는 대부분 지역이 서해와 한강의 물길에 닿아 있는 천연의 항구도시로서 서해 수운의 출발점이자 종착지로서 위상을 가지고 있다고 한다. 특히 대명항은 선사 이래 한반도 내륙 수운의 주요 기점이었으며 조선왕조를 지지하던 조운(漕運) 체계의 주요 거점이었다고 전한다.

돌이켜보면 이 행사는 2024년 8월 대명항(大明港)이 국가 어항으로 예비 지정된 것이 그 단초가 됐다. 대명항은 경기도 김포시 대곶면 대명리에 위치한 어항으로 2000년 9월 25일 지방 어항으로 지정되어 관리되고 있었고 그 이전에는 '대명포구'로도 불리었다.

역사적으로 큰 의의를 갖는 우리 시의 얼굴이나 다름없는 대명항을 단지 '어시장'으로만 남겨둘 수는 없는 일이었다. 마침, 경기관광공사의 '2025 경기 바다관광 활성화 붐업 콘텐츠 사업'에 김포문화재단의 '김포는 바다다' 사업이 선정되며 경기도 예산 4억 5,000만 원을 확보할 수 있었고 나 역시 시민들과 함께 대명항을 가진 우리의 자부심을 고취시키는 데 함께할 수 있었다.

'김포는 바다다' 행사를 통해 우리 시의 위상을 높이고 시민들에게 더 큰 미래의 희망을 안겨주는 데 나의 역할이 조금이나마 있었다는 점은 가슴 뿌듯하고 벅찬 감동으로 다가왔다.

이 행사가 끝난 후 한 지역 언론인은 칼럼을 통해 말했다.

"내년에도 '제2회 김포는 바다다'가 진행될 수 있도록 홍원길 도의원은 예산을 확보해주고 김포문화재단의 곽종규 대외협력관은 오래전 농수로 배 띄우기 축제를 시작으로 한강 배 띄우기 등을 거쳐 경기만 바다를 선점한 것처럼 더 큰 예산과 스케일로 김포의 숨은 역사를 되살려 김포의 관광을 견인해주길 바란다."

100% 공감하며 이와 함께 책임감 또한 커지는 게 사실

김포신문

홈 > 오피니언 > 발행인칼럼

[발행인 칼럼] 김포문화재단과 홍원길 도의원, 김포 천장을 뚫다

박태운 | 입력 2025.10.29 10:39 | 수정 2025.11.10 10:04 | 댓글 0

가 가

• 4억 원의 예산 유치에 성공함으로 김포가 내륙의 역사에서 해양의 역사성을 정당화하는 데 단초를 제시했다.

이다. 이제 김포는 대명항을 앞세워 글로벌 도시로의 도약을 시작해야 할 때다. 그 옛날 조선왕조 관문의 역할을 하던 '신령스러운 포구'의 재발견을 통해서 말이다.

5

✳

홍원길의
'내일의 김포,
희망 프로젝트'

"풍무119안전센터 반드시 건립합니다"

과밀학급 해소를 위한 해법

이웃 도시와의 시너지 효과

김포 비전, 사통팔달 교통에서부터

계양천 저류지 사업, 주민이 체감하는 정책이 되도록

문화는 교육에서 출발한다

경력단절 여성들에게 활동의 판을 깔아주자

나의 길은 '봉사'로 이어가는 길

홍원길이 미리 그려보는 '김포 2035'

*

김포시는 경기도 어느 도시보다 빠른 속도로 성장하고 인구가 늘어나고 있지만 그에 따른 대중교통 부재로 극심한 교통혼잡을 겪고 있다. 차량기지 이전에 대한 지역주민들의 자발적 모임이 결성되는 등 주민 요구가 높아지고 있는 만큼 이제는 교통 문제 해소를 위해 반드시 차량기지 이전과 함께 2호선 지하철이 연장되어야 한다.

“풍무119안전센터 반드시 건립합니다”

“소방관서 신축 및 이전 사업 예산(약 47억 원) 감액은 행정적 절차 지연으로 인한 공사비 이월에 따른 것입니다. 향후 사업 추진에 차질이 발생하지는 않는지, 또 앞으로 꼭 필요한 추가 건립이 이런 속도로 과연 가능할지 의문을 갖지 않을 수 없는 일입니다.”

내 목청이 올라갔다. 평정심을 잃지 않으려고 감정을 꾹꾹 눌렀지만, 이 순간만큼은 그럴 수가 없었다. 지역구 주민들의 목소리를 대변하는 입장이기에 그랬다. 2025년 9월 16일 열린 제386회 임시회 제2차 경기도청 예산결산특별위원회 2025년 제2차 추가경정예산 심사 자리였다. 도민 안전과

• 2025년 9월 16일 열린 제386회 임시회 제2차 경기도청 예산결산특별위원회 2025년 제2차 추가경정예산 심사 자리에서 풍무119안전센터 건립 예산 확보를 강력하게 주장했다.

직결되는 119안전센터 건립 예산 감액과 경기도 방침에 따른 기본경비 일괄 삭감은 나로 하여금 목소리를 높이지 않을 수 없게 했다. 이날 나는 풍무119안전센터 건립은 반드시 해낼 것이라는 의지를 다지며, 다시 한번 못 박았다.

"이번에 감액된 예산은 2026년 본예산에 바로 다시 반영될 예정입니다. 다만 단순히 복원되는 수준으로는 충분하지 않습니다. 이번 감액 예산 이외에 장비 확충, 인력 운영, 유지관리 등 추가적으로 필요한 부분까지 감안할 때 과연 안정적인 예산 수립이 가능할지 우려가 되는 바입니다."

119안전센터의 중요성과 필요성은 두말하면 잔소리다. 그러니 센터 건립을 위한 예산 확보에 얼굴 붉혀가며 나서는 것은 당연한 일이다. 풍무지역의 경우 그야말로 한시도 늦출 수 없는 상황이란 점에서 한시가 바쁜 과제가 아닐 수 없다.

각 시도별 소방본부들은 화재, 구조, 구급 등 각종 재난 발생 시 인명피해를 최소화하기 위한 골든타임을 7분 이내로 정하고 이를 실현하기 위한 골든타임 확보 대책을 발표하기도 한다. 또 심정지 신고가 접수되면 환자와 가장 가까운 사람이 119구급대가 도착하기 전 골든타임(최초 4분) 안에 심폐소생술(CPR)과 자동심장충격기(AED) 사용 등 응급처치를 시행할 수 있어야 한다고 강조한다.

김포 풍무동은 인구가 자그마치 약 6만 명에 달한다. 하지만 그나마 가까이 자리해 있다는 김포소방서, 고촌읍119안전센터, 북변119안전센터 등이 하나같이 차로 10분 거리다. 앞에서 언급한 골든타임을 지키는 것은 언감생심일 수밖에 없다. 상황이 이러하니 지역주민들과 관계자들이 수년째 지역 내 119안전센터 건립 필요성을 제기하고 있다.

현대인의 삶에서 최우선 가치가 무엇인지 묻는다면, 나는 "경제나 취업도 중요하지만, 우리의 생명과 안전이 그보다 더 소중하다"고 말하고 싶다. 각종 재난은 시시각각 발생하고 있다. 특히 인구 밀집도가 높은 거주지역일수록 화재,

• 2024년, 김포소방서 명예소방서장으로 위촉되었다.

구조, 구급 상황으로부터 자유로울 수 없는 환경이기에 119안전센터는 시민 안전을 위한 필수 인프라로 인식되고 있다.

이는 비단 김포시만의 문제가 아니다. 경기도민 전체의 안전에 관한 것으로 도민 생명과 직결된 이 사업 예산은 반드시 확보되고 실행되어야 한다. 시민 개개인이 안전을 위해 아무리 사전에 만전을 기한다고 해도 예측불허의 재난 발생 또한 증가하고 있는 시대다. 시민의 생명과 안전에 대한 경각심은 결코 느슨하게 할 수 없거니와 가장 먼저 119안전센터와 같은 인프라 구축이 이루어져야 한다.

도민의 안전은 국가와 지자체가 반드시 보장해야 할 기본 책무다. 풍무119안전센터 건립은 단순한 시설 확충이 아니라 지역의 생명을 지키는 최소한의 약속이다. 나는 그 약속이 반드시 지켜지도록 책임 있게 추진해나갈 것을 다시 한 번 확언한다.

과밀학급 해소를 위한 해법

김포시는 중고등학교 과밀학급이 많은 도시다. 경기도 내에서 화성시, 용인시에 이어 세 번째다. 2025년 초 기준으로 중학교 25곳 중 14곳, 고등학교 16곳 중 9곳이 과밀학급으로 운영되고 있다. 이것이 김포시 중고등학교 과밀학급의 현주소다. 과밀학급 문제는 중고등학생 자녀를 둔 가정이라면 누구랄 것 없이 지적하고 있는 우리 도시의 대표적인 이슈 중 하나다. 지금도 문제이고, 앞으로도, 10년 후에도 문제가 될 수 있다. 그렇다면 해결방법은 있는가?

우리 시는 한강신도시 등 택지개발 사업으로 인한 급격한 도시화로 지속적으로 인구가 유입되면서 학령인구 증가에 따른 과밀학급 문제가 심각한 상황이다. 특히 김포지역의 고등학교는 학급당 평균 학생 수가 약 34명으로, 교육부 기준(28명)을 크게 초과하고 있다. 일례로 풍무고등학교는 학급당 학생 수가 평균 33.6명이며, 풍무중학교의 경우 학급당 인원은 32.8명이다. 전문가들이 말하는 학급당 적정인원이 25명인 것을 감안할 때 이 같은 실태는 매우 심각하다.

과밀학급으로 인해 학생들이 받는 교육의 질이 상대적으로 낮아질 수 있다고 느낄 수밖에 없는 현실이다 보니 학부모의 민원과 갈등이 끊이지 않는다. 교육 관계자나 시의원, 도의원들도 한결같이 목소리를 내는 문제이지만 해결의 실마리는 좀처럼 보이질 않는다.

교육환경 개선을 위해 최선의 노력을 다하겠다고 하는 교육부의 입장은 어떨까? 국가사회적으로 심각한 문제인 출산율 저하 경향을 거론할 뿐이다. 학령인구 감소로 학급당 학생 수가 매년 줄어들고 있으니 시간이 흐르면 자연적으로 해결될 것이라는 쪽이 지배적이다. 이를 이유로 초중고 학교 신설 허가는 그야말로 좁은 문이 되고 있다.

학생 수가 줄어들고 있는 전국 현황으로 보면 그럴 수도 있겠다. 한 해에 폐교되는 초중등학교 수가 적지 않으니까. 하지만 이는 김포의 현실과 미래와는 전혀 맞지 않는 얘기다.

이쯤에서 오늘의 김포시 실태를 다시 들여다보면 교육환

• 2022년 제216회 임시회 2차 본회의에서 5분 자유발언을 통하여 학교 신설을 포함한 교육환경 개선을 주문했다.

경 개선이 시급한 이유는 분명하다. 일례로 김포 골드라인과 지하철 5호선 연장선(예정)의 환승 역세권으로 교통 여건과 입지가 양호한 것으로 평가받고 있는 풍무 역세권을 보자. 지금 한창 택지 조성과 아파트 단지 개발이 진행 중이다. 개발이 끝나면 이 지역만 해도 2만 명 이상의 인구가 늘어날 것으로 예상된다. 비단 풍무지구만이 아니라, 김포는 인구 유입이 지속되고 있고 향후 10년이 지나면 60여만 명 그리고 더 시간이 지나면 70만 도시로 성장할 것으로 예상된다.

현재 김포시에는 초등학교 48곳 3만 2,367명, 중학교 25곳 1만 7,414명이다. 인구가 늘어나지 않고 이 상황에서 초등학생이 중학생이 되었을 경우라면 학급당 학생 수가 지금보다는 줄어들 수 있을 것으로 추산되지만, 이미 앞에서 언급했듯이 그런 일은 없을 것이다. 전문가가 아닐지라도 김포의 도시 개발과 주택 증가만 보면 학생 수가 더 많이 증가할 것이라는 예상치가 한눈에 보인다.

현실이 이러하니 풍무에 지역구를 두고 있는 나로서는 고민을 하지 않을 수 없는 상황이다. 더욱이 풍무·고촌은 서울로 이어지는 김포의 관문 역할을 하는 지역이다. 어림잡아도 향후 20년까지는 인구수가 지속적으로 늘어날 것으로 예상된다. 그렇다면 어떻게 하면 좋을까? 답은 이미 나와 있다. 학교 신설이다.

전국적인 폐교 증가를 우려하며 기존 학교의 교실 증축을 대안으로 거론할 수도 있지만, 교실만 늘리는 것으로는 급식실, 운동장 등 필수 시설 문제를 해결할 수 없기 때문에 근본적인 해법이 되지 않는다. 따라서 과밀학급 문제를 실질적으로 해소하고 학생들이 안정적인 교육환경을 누리도록 하기 위해서는 새로운 학교 설립이 반드시 필요하다.

혹시 30년 후 우리 시의 학령인구 감소로 인해 학교시설이 남는다고 가정할 때 문화·교육 공간에 국한하지 않고 경제적·산업적 기능과 연계된 공간으로 활용하는 방안을 찾으

• 2023년 11월 9일, 경기도의회 제372회 정례회에서 학교 신설에 대해 주문했다.

면 된다. 이미 폐교를 지역주민을 위한 문화예술교육 전용공간으로 재탄생시킨 사례도 등장했다.

현 정부에서는 저출생으로 늘어나는 폐교를 지역 자원으로 활용하기 위한 방안이 추진 중이다. 지방정부가 지역주민을 위해 폐교를 활용할 시 재정 지원을 늘리고 폐교를 지역주민을 위한 공용·공공용 시설과 통합돌봄시설 등으로 활용할 수 있도록 「폐교재산의 활용촉진을 위한 특별법」도 개정될 예정이다.

우리 시의 미래를 이끌어갈 아이들과 청소년들은 적정 학생 수를 유지하는 학급에서 양질의 교육을 받을 권리가 있다. 우리는 그 터전을 반드시 만들어줘야 한다.

이웃 도시와의 시너지 효과

우리 사회를 두고 흔히 '경쟁사회'라고 표현한다. 외국인은 물론이고 내국인 사이에서도 이런 평가가 많다. 여기에는 비판적인 의식이 적잖이 깔려 있다. 교육 측면에서는 일부 부모들의 지나친 경쟁의식이 자녀의 삶을 무너뜨릴 수 있다는 경고가 나올 정도이니 그럴 만도 하겠다. 나 또한 공감하는 바이다. 선의의 경쟁은 인간의 삶에서 피해갈 수 없는 환경인 게 사실이지만 그렇다고 매사 경쟁으로만 살아갈 필요는 없다.

시의원에 이어 도의원으로 활동하면서 개인적으로 이 부분만큼은 경쟁이 아닌 포지티브섬(positive sum) 전략이 필요하다는 생각을 갖게 된 분야가 있다. 바로 이웃 도시들과의 관계의 힘을 통해 함께 이익과 발전을 추구하는 것이다.

서울특별시, 인천광역시 그리고 경기도 부천시는 우리 김포시와 경계선을 두고 있는 도시들이고 고양특례시 또한 한강을 사이에 두고 서로를 바라보고 있는 구도다. 이웃 도시와의 관계는 교통망을 통해 연결되고 시민들이 개별적으로 교류하거나 직업 활동을 하는 데 도움을 주고 있다.

나는 어떤 분야이든 우리 시와 이웃 도시들이 공동의 목표를 위해 좀 더 가까이 다가서서 상호협력하면서 서로가 성장하는 윈-윈(Win-Win)을 통한 시너지 효과(synergy effect)를 극대화하는 방법을 모색하고 추진하고 싶은 열망이 강하다. 시를 위한 일이라면 오지랖이 좀 넓어도 좋겠다는 확신 속에서 기어코 일을 벌였다. 우선적으로 주목한 분야는 호텔이다.

고양시에는 국내 최대 전시장 '킨텍스'가 자리해 있다. 매년 수많은 국제회의와 박람회가 열리는 고양시 마이스(MICE, 회의·관광·전시·이벤트) 산업의 핵심 인프라이다. 이미 두 개의 대규모 전시장을 갖춘 이곳은 현재 제3전시장도 건립 중이다. 완공예정인 2028년 하반기엔 총 전시면적이 10만 8000㎡에서 17만㎡로 확대되어, 세계적 규모의 대형 이벤트도 유치할 수 있게 된다.

킨텍스의 이러한 성장 이면에는 호텔 산업이 함께 성장

• 2024년 7월 킨텍스와 호텔 마리나베이 서울 아라 간의 업무협약(MOU) 체결을 도왔다.

할 수 있다는 장점이 있다. 킨텍스에서 한강 다리 하나만 건너면 바로 김포가 아닌가. 이에 우리 시 소재 5성급 호텔로서 고촌읍 아라육로152번길에 자리한 '호텔 마리나베이 서울 아라'와의 업무협약(MOU) 추진을 직접 도왔다. 855실을 갖춘 이 호텔은 인근에 요트와 카누, 보트 등 수상 레저를 즐길 수 있는 경인항 아라마리나와 230여 개 브랜드 매장이 들어선 현대프리미엄아울렛 김포점, 김포여객터미널이 있어 레저, 쇼핑, 관광을 다채롭게 즐길 수 있는 최적의 장소다.

고양시의 경우 킨텍스 국제행사로 인한 방문객 수요는 증가 추세인 반면 전시장 인근의 특급 호텔은 손가락으로 세어야 할 정도이어서 고객을 서울로 뺏길 수밖에 없는 상황이다. 그렇다면 굳이 이동 거리가 먼 서울보다는 다리 하나 건너면 되는 지척의 김포가 적격이다. 더욱이 김포공항까지 옆에 있으니 고양시가 다 흡수하지 못하는 고객을 끌어오는 것이 좋겠다고 보았다.

이런 판단에 따라 내가 먼저 킨텍스를 방문해 호텔 마리나베이 서울 아라와의 업무협약(MOU)을 제안했고 지난 2024년 7월, 양사는 손을 잡았다.

나는 우리 시와 킨텍스와의 윈-윈 전략 프로젝트를 더 넓히고 싶은 열망이 간절하다. 가장 먼저 머릿속으로 구상한 것은 다름 아닌 야외 전시장이다. 몇 년 전 독일 방문 시 방산과 중장비 전시회를 야외에서 하는 것을 목격한 적이 있다. 전시회라고 해서 꼭 실내 전시만 해야 하는 것은 아니다. 되레 야외에서 전시를 할 때 효과적인 분야도 있다. 게다가 야외 전시장은 기본 편의시설만 갖추고 대형 건축물은 들어서지 않아도 되므로 부지 원형을 그대로 살리는 친환경 전시장으로 활용할 수 있는 장점이 있다. 그렇다면 현재 김포공항 인근이라는 이유로 무용지물이 되어 잠자고 있는 고촌지역의 유휴 부지를 킨텍스의 야외 전시장으로 활용하는 것도 좋겠다는 바람이다.

2025년 들어서 도시 간의 협업과 관련하여 신선한 자극을 받은 사례가 있었다. 지난 8월 24일 김포미디어아트센터에서 경기콘텐츠진흥원은 김포문화재단, 모피어스, 버스데이와 함께 '2025 경기 지역특화 콘텐츠 개발 지원' 사업을 공동 추진하기 위한 다자간 업무협약(MOU)을 체결했다. 이날 협약은 김포의 한강 포구 4곳을 소재로 체험형·몰입형 디지털 콘텐츠를 개발하고 이를 통해 지역 관광 활성화와 지역 정체성 강화를 추진하는 민·관 협력 프로젝트를 위한 것이었다. 도의회 문화체육관광위원회 소속인 나 또한 그 현장에 참석해 축사를 전했다.

"김포를 대표하는 한강 물길 이야기가 몰입형 콘텐츠로 제작된다고 하니 기쁜 일이 아닐 수 없습니다. 뜻깊은 이 사업이 성공적으로 추진되어 지역 문화 관광 산업 발전에 기여할 수 있기를 바랍니다."

경쟁에서 살아남는 자만이 아름다운 성공의 주인공으로 비춰져서는 안 된다. 전 세계가 국경 없는 지구촌 한마당이 된 지 이미 오래다. 그렇다면 한 나라 안 그것도 인근에 있는 이웃 도시들과 먼저 손을 잡고 공동이익을 추구하는 것은 '따로 또 같이'라는 가치 아래 성장의 길을 개척하는 최선의 길이 아니겠는가.

김포 비전,
사통팔달 교통에서부터

"김포시는 경기도 어느 도시보다 빠른 속도로 성장하고 인구가 늘어나고 있지만 그에 따른 대중교통 부재로 극심한 교통혼잡을 겪고 있습니다. 차량기지 이전에 대한 지역주민들의 자발적 모임이 결성되는 등 주민 요구가 높아지고 있는 만큼 이제는 교통 문제 해소를 위해 반드시 차량기지 이전과 함께 2호선 지하철이 연장되어야 합니다."

– 2025년 10월 28일 〈서울신문〉 기고

2025년 10월 21일 서울시의회 우형찬 의원(양천3)이 김포시 신정차량기지 이전 부지를 방문했고 이날 우 의원과 나는 빠른 사업 추진을 위해 협력하기로 재차 다짐했다. 언론에서도 "김포시는 지역 교통 문제 해소, 양천구는 도시 균형 발전 추진할 수 있는 필수 사업"으로 주민들의 사업 추진 의지가 높아지는 등 사업이 현실성 있게 다가오고 있다고 전했다.

이에 앞서 나는 1년 전인 2024년 10월, 신정차량기지를 방문했다. 이때 차량기지 이전의 필요성을 재확인했으며, 신정차량기지 김포 이전이 양천구는 '도시 발전'을 김포시는 '교통 문제 해소'를 이루어 두 마리 토끼를 잡을 수 있는 길임을 확인할 수 있었다.

신도림역에서 까치산까지 운행하는 신정지선은 순환선인 서울 지하철 2호선의 지선으로 신도림역을 포함해 5개 역으로 구성되어 있으며 노선 길이는 6.0km다. 신정지선의 차량기지인 서울교통공사 신정차량사업소는 현재 양천구청역 인근에 자리해 있지만, 주변이 아파트 등 주거시설로 둘러싸여 있어 소음과 분진으로 인한 주민 피해가 막심했고 이미 10여 년 전부터 차량기지 이전의 필요성이 거론돼왔다.

이에 따라 양천구는 2021년부터 부천시에 차량기지를 주고 신정지선을 연장하는 방안을 검토했지만, 부천시의 차량기지 이전 반대가 있었다. 이어서 고도제한으로 묶여서 사용할 수 없는 지역인 고촌읍의 부지가 암묵적으로 언급돼왔고 드디어 양천구와 우리 시는 2024년 3월 추진 협약을 하면서 지금까지 소통을 이어오고 있다. 다만 우리 시로서는 김

• 2024년 10월 서울지하철 2호선 신정차량기지를 방문한 데 이어 2025년 10월 김포시 이전 예정 부지를 방문했다.

포 안쪽까지의 연결을 원하고 있기에 내가 직접 나서기로 한 것이다.

도시 발전에는 여야가 따로 없다. 서울시의회 우형찬 의원과 경기도의회 의원인 나는 서로 당은 다르지만 신정차량기지 김포 이전 성사에 있어서는 한 몸이나 다름없다. 2025년 10월 21일 함께한 자리에서 가진 〈서울신문〉 인터뷰에서 우 의원도 말했다.

"서울시 서남권과 김포시의 경쟁력을 높이고 도시 발전과 교통 혼잡 등 도시 간 문제점을 해결하기 위해서는 신정차량기지 이전과 2호선 신정지선 김포 연장은 유일한 해법입니다. 이제는 서울시와 김포시가 함께 머리를 맞대고 함께 노력해 차량기지 이전 및 연장 사업이 조속히 이뤄질 수 있도록 전력투구하겠습니다."

'신정차량기지 김포 이전'의 필요성과 중요성은 거론할 필요가 없다. 김포시민 모두의 바람이다. 인구 50만 도시임에도, 우리의 이동을 책임지는 대중교통인 김포 지하철은 겨우 두 량짜리 전동차로 운행되는 '김포 골드라인'이 전부다.

30~40대 젊은 층이 많은 우리 지역 특성상 서울을 비롯해 부천, 고양 등지로 매일같이 이동하는 인구가 폭발적인 상황에서 '교통지옥'이라는 불명예스러운 꼬리표가 따라붙는 게 우리 시의 현실이다. 지하철 노선 증설이야말로 우리의 미래를 위해서는 그야말로 전투적인 입장에서 해결하지 않으면 안 되는 중대 과제다. 더욱이 향후 인구 70만 도시가 예상되는 가운데 지속적으로 늘어나는 인구 증가 추세를 보면 마냥 기다린다고 해결될 일은 아닌 것이다.

장기에서 출발해 GTX-B와 연결되어 여의도·서울역·청량리까지 이어지는 서부권 광역급행철도는 이미 예비타당성조사를 통과했다. 하지만 서울 5호선 김포 연장은 아직 확정 전이다. 예비타당성조사 결과 발표를 앞두고 있는 가운데 경제성 확보를 위한 김포환경재생혁신복합단지 계획 등을

• 서울지하철 2호선 신정차량기지를 점검했다.

정부에 제출한 상태다. 2호선 신정지선과 9호선 연장은 추진 중이다.

우리 시가 간절히 원하는 이 같은 철도와 지하철의 완성은 대중교통의 중심축이며 경기도, 서울시, 국토교통부가 함께 풀어가야 할 과제이다. 우리 시로서는 사통팔달 교통을 갖추고 대도시 도약 발판을 마련하는 일인 만큼 시, 시의원, 도의원, 시민 모두가 하나가 되지 않으면 안 된다. 우리의 미래는 누가 대신 만들어주지 않는다. 이제는 다 함께 팔을 걷어붙이고 적극적으로 나서서 한목소리를 내야 할 때다.

계양천 저류지 사업,
주민이 체감하는 정책이 되도록

기후위기가 일상이 된 시대다. 현대인은 자연환경이 잘 보존되는 가운데 워라벨이 공존하는 더 나은 삶을 갈망한다. 김포시민도 마찬가지다. 마침 희소식이 찾아왔다. 홍수 예방, 기후위기 대응 실천, 주민 여가공간 확보, 수익 창출까지 1석 4조의 효과를 얻을 수 있는 사업이 우리 시에서 추진된다. 이야말로 적극 환영할 일이다. 수해 상습지역인 고촌읍 태리에서 운양동 일원에 이르는 계양천의 수해 예방을 위한 계양 저류지 사업이 2025년 11월 31일 착공에 들어갔다.

저류지는 태풍이나 집중호우로 계양천 수위가 상승하면 일시적으로 유량을 상류 저류지에 담아두고 수위가 내려갔을 때 방류해 홍수 피해를 예방하는 역할을 하는 것으로

• 2025년 11월 3일 김포 계양천 수해 상습지 개선사업 현장 점검을 했다.

계양천 저류지 사업은 14만㎡ 규모의 저류지를 조성하고, 800m 길이의 제방을 쌓고, 배수문 1개, 교량 1개 등을 설치하게 된다.

계양천 저류지 사업은 도민 안전을 위한 대규모 공공투자라는 점에서 경기도민과 김포시민의 주목을 받고 있다. 기후위기 대응과 재생에너지 확보에도 기여할 수 있는 데다 도민들이 조합원으로 참여해 발전 수익을 나눌 수 있는 프로젝트이다.

계양천 저류지의 행정구역상 주소는 고촌이지만 풍무동 생활권에 맞닿아 있는 만큼, 풍무동 주민들에게는 더없이 환영받을 만한 일이다. 이렇다 할 공원이 없었던 인근 검단신도시 주민들에게도 여가와 휴식이 있는 삶을 가져다줄 수 있으니 그야말로 두 손 들어 반기는 바이다.

계양천 정비사업에는 도비 1,420억 원(국비 100억 원 포함)을 투입되며 2029년 10월 준공 목표다. 이번 사업은 이익 공유형 공공 RE100(Renewable Energy 100, 2050년까지 모든 전력을 전량 재생에너지 전력으로 바꾸는 국제적인 캠페인) 모델이 접목돼 홍수 예방(안전), 태양광 발전(기후위기 대응), 수익 배당(지역경제 활성화) 등을 동시에 도모하는 것이 특징이다.

2025년 11월 3일 고촌읍에서 '계양천 저류지 착공 및 공공 RE100 도입 현장 설명회'가 열렸다. 이날 김동연 경기도지사는 13번째 민생경제 현장 투어 방문지로 현장을 찾아 사업 진행 상황을 점검하고 도민들의 목소리를 청취했다.

행사에서 나는 사업 방향을 긍정적으로 평가하면서도 "100억 원 남짓은 국비로 지원받고 나머지는 전액 도비로 추진하는 사업으로 도민 안전 차원에서 반드시 필요하기 때문에 2029년 완공 목표를 지킬 것"이라는 입장을 김 지사에게 전달했다. 무엇보다도 "주민이 주체적으로 참여하고 혜택을 체감할 수 있는 수익 구조가 반드시 설계돼야 한다"고

• 계양천 수해 상습지에 방문한 김동연 도지에게 계양천 저류지의 "2029년 완공 목표를 지킬 것"을 강조했다.

강조했다.

주민들은 이 사업에서 수변공원 확충, 주민 여가공간(파크골프장, 산책로, 야외무대) 확대 등을 요구사항으로 내놓았다. 나는 도민의 세금이 투입되는 공공사업은 '완공'이 아니라 '체감'이 목표라고 생각한다. 따라서 보여주기식 행정이 아닌 김포시민이 변화를 느낄 수 있는 사업이 되도록 끝까지 책임지고 지원하며 김포가 더 안전하고 풍요로운 도시로 나아가도록 노력하겠다는 각오를 다졌다.

무엇보다도 2029년 완공 계획이 실현 가능한 일정인지

면밀하게 점검하고 추진 속도를 늦추는 행정 지연이 없도록 함께 챙길 것이며 김 지사의 약속이 실행으로 이어지는지 현장에서 확인할 것이다.

문화는
교육에서 출발한다

"도시 곳곳에 활기를 불어넣는 도시의 동맥은 무엇일까?"

이런 질문을 받으면, 대다수가 경제를 꼽겠지만 경제와 함께 반드시 흘러가야 할 것이 있다. 다름 아닌 '문화와 예술'이다. 이미 현대는 밥만 먹고 사는 시대가 아니다. 국가마다, 도시마다, 지역마다 각각 이어온 역사와 전통을 '문화와 예술'이라는 끈으로 엮어야 한다. 시민사회 곳곳에 그 향기가 녹아 들어가 시민이 즐기고 또 이를 지켜보는 외지인들도 인정할 수 있을 정도의 수준과 분위기를 형성해야 한다.

좋아하는 낱말 중 하나가 '예향(藝鄕)'이다. 예술에 대한 소질이 있는 사람도 아니고 가족이나 자녀 중에 문화예술계에 종사하는 이도 없다. 다만 나도 모르게 '예향'이라는 이 두 글자에 대한 무한한 애정이 실리게 되었다. 그래서인지 어느 지방을 방문했을 때 "우리 지역은 예향입니다"라는 말을 들으면 기분이 좋아지는 한편 한가득 부러움이 생긴다. 김포시를 자랑할 때도 "우리 김포는 문화 예술이 꽃피는 도시랍니다"라고 말하고 싶건만 솔직히 그렇게 말하지 못한다. 아직은 그렇다.

김포는 급격한 도시화가 몰고 온 신도시의 이미지가 강한 면도 있지만 그렇다고 '이것이 바로 김포다'라고 내세울 만한 문화와 예술 테마는 딱히 없는 게 사실이기 때문이다. 아니 더 엄밀히 말하면 없는 게 아니라 그간 발굴하지 못한 게 많고 육성을 하지 못했다. 이런 자성이 필요한 시간이다. 이 같은 현실에서 더욱 안타까운 한 가지는 20년, 30년 후 김포의 허리 역할을 하게 될 지금 자라나는 어린이·청소년들이 문화와 예술을 직접 배우면서 즐길 수 있는 교육공간이 없다는 사실이다.

현재 김포문화재단 소속의 시설물로 김포아트홀, 김포아트빌리지, 전통한옥숙박체험관, 통진두레문화센터, 김포국제조각공원, 월곶생활문화센터, 김포평화문화관, 작은미술관 보구곶, 애기봉평화생태공원, 김포문예창고 등이 있다. 김포아트홀은 김포시민의 삶의 질 향상과 문화 예술의 진흥

• 2024년 12월 20일 김포미디어아트센터 개관식에 참석했다.

을 위해 건립된 김포시 최초의 공공 전문 문예회관으로 503석 규모의 공연장, 갤러리, 세미나실 등으로 이루어져 있다. 수준 높은 기획 공연 및 전시 콘텐츠 외에도 문화 예술 교육 프로그램, 문화가 있는 날 프로그램 등 다채로운 시민 참여 프로그램을 제공하고 있지만, 교육 현장으로써의 역할은 하지 못한다. 김포시의 숨겨졌던 다양한 문화 예술 소재를 발굴하고 우수한 문화 예술 작품을 유치하고 소개하면서 문화 도시 김포시를 만들어 왔다는 평가를 받고 있긴 하지만, 교육적인 면에서 프로그램이 미디어아트에 집중되어 있는 게 사실이다.

김포문예창고에서는 입주작가들이 회화, 설치, 사진, 영상 등 작품 활동을 하고 그들이 담아낸 김포의 이야기를 전시하기도 하지만, 이 또한 교육 현장과는 거리감이 있다.

문화 예술 교육이 이루어지지 못하는 가장 큰 이유가 '교육공간 부족'이라고 인식하고 문제를 제기하는 것은 나 혼자일까? 결코 아니다. 얼마 전 김포문화재단 이계현 대표이사와 대화를 나눌 기회가 있었다.

"전통예술이나 문화는 그 누구보다도 지금 자라나는 아이들이 배워야 하지 않나요? 그래야 우리 김포의 문화 예술의 맥이 이어지겠죠?"

"맞습니다. 프로그램은 전문가들과 함께 만들면 되는데 안타까운 건 지금 교육공간이 없습니다."

"저도 그렇게 알고 있습니다. 없으면 만들어야죠."

"의원님이 도의회 문화체육관광위원회 소속이시잖아요. 바쁘시더라도 관심 좀 기울여 주시면 좋겠습니다."

"당연한 일입니다. 제가 힘닿는 데까지…."

문제는 돈이다. 교육공간을 세울 부지는 김포문화재단에

있다. 다만 건립 비용이 없는 게 현실이다. 이는 시에서도 익히 알고 또 공감하고 있는 것으로 알고 있다.

2025년 11월 문화체육관광부 장관 직속 문화예술정책자문위원회가 공식 출범했다. 언론에서는 위원회가 문화 예술 생태계를 구성하는 창작자, 학계, 업계, 평론가 등 각 분야 전문가로 꾸려진 만큼 'K컬처' 300조 달성과 문화 강국 실현을 앞당기는 양 날개 역할을 할 수 있을 것으로 기대된다는 평가다. 최근 한류 문화를 일컫는 'K컬처'가 전 세계로 확산되고 있고 '2025 경주 아시아태평양경제협력체(APEC) 정상회의'가 우리의 역사와 문화를 대변하는 천년고도 경주에서 열렸다는 자체만으로도 세계적인 이슈가 됐으며 또 성공적인 결과를 낳았다.

스페인 바르셀로나를 다녀온 사람이라면 알 것이다. 천재 건축가 가우디 한 사람의 건축에 대한 열정과 창조력이 후세들에게 얼마나 큰 가치로 이어지는지를. 이탈리아 로마를 다녀온 이들도 알고 있을 터이다. 역사와 문화를 어떻게 보존하고 이어가야 하는지를. 또 예술 문화 역사가 국가의 위상을 높이는 데 얼마나 기여하고 더 나아가 얼마나 큰 경제적 가치를 낳는지에 대해서도 말이다.

문화와 예술이 미치는 영향력과 그 흐름으로 볼 때 교육공간 마련은 더 이상 늦출 수는 없는 일이다. 교육공간이 부

• 문화체육관광위원회 소속 도의원으로서 문화 예술 교육 발전을 위한 공간 마련을 주문해왔다.

족해 꿈나무들을 위한 문화 예술 교육을 소홀히 할 수밖에 없다는 말은 우리의 슬픈 자화상이나 다름없다. 남은 도의회 활동 기간 중 나는 문화 예술 교육공간 마련을 위한 도비 확보를 위해 그야말로 내 한 몸 던진다는 각오다.

어린이와 청소년은 물론이고 시민 참여 문화 예술 교육과 활동이 일상이 되는 도시, '문화도시 김포시'를 위하여!

경력단절 여성들에게 활동의 판을 깔아주자

김포는 젊은 도시다. 유모차 행렬이 늘어선 신도시의 거리를 걷다 보면, 이곳이 얼마나 많은 젊은 가족의 삶으로 채워져 있는지 실감하게 된다. 다만 그 활기 이면에는 보이지 않는 '단절의 그림자'가 있다. 출산 이후 일을 멈춘 여성들, 다시 일하고 싶어도 길이 보이지 않는 사람들, 우리는 그들은 흔히 '경력단절 여성'이라고 말한다.

2021년부터 김포의 경력단절 여성들과 함께 '슈필라우미(Spielraume)'라는 이름으로 공동체 활동을 이어오며, 수많은 '다시 시작하고 싶은 엄마들'과 함께해 왔다는 활동가를 만난 적이 있다. 그는 말했다.

"그들은 단순히 취미를 찾는 사람이 아니었습니다. 잃어

버린 '사회적 이름'을 되찾기 위한 분명한 요구가 있었습니다. 우리에겐 일할 수 있는 기회와 함께 배우며 성장할 공간이 필요합니다. 그 절실함 속에서 '슈필라우미'라는 공간을 만들었습니다. 엄마들이 자비를 모아 만든 놀이·예술 공간으로 접근성이 떨어지는 외곽에 자리했지만, 교육 프로그램과 전시, 행사는 늘 만석이었습니다. 서로의 이야기를 듣고, 재능을 나누며, 다시 사회로 연결되는 시간들이었습니다. 3년의 공간 운영 이후, 저희는 이 공간에 대한 지자체의 지원이 필요하다고 느꼈으며, 그동안의 성과와 함께 공간 조성을 위한 목소리를 다양한 방법으로 전했습니다."

그럼에도 행정의 시선은 여전히 차가웠다고 한다. '경력단절 여성'이라는 단어 속에는 이미 편견이 깃들어 있다는 아쉬움을 드러냈다. 마치 스스로 사회와의 연결을 끊은 사람처럼 들리기 때문이란다. "경력단절 여성은 생계가 급한 취약계층이 아니다"는 이 한 문장으로 시에서 활동을 지원받을 수 없는 대상으로 분류되었다고 한다. 공동체 활동은 '여가'로, 재도약의 움직임은 '비필수 사업'으로 분류된다. 경력단절을 개인의 선택으로 바라보는 시각이 이들을 사회의 지원 우선순위 밖으로 밀어낸 것이다.

결국 아이를 양육하면서도 자기계발을 멈추지 않아야 하고, 가족의 관계와 정서 관리까지 모두 '완벽하게' 수행해야

● 경력단절 여성은 지역사회의 문화·교육·복지 분야에서 큰 역할을 할 수 있는 역량을 지녔다.

한다는 무형의 압박 속에서 살아가는 엄마들의 자기계발을 위해 '슈필라우미'를 운영하게 된 것이다. 이곳에 참여하는 경력단절 여성들은 저마다 과거 경력인 교수, 작가, PD, 디자이너 등의 전문성을 살려 재능을 나누었다. 그 안에서 엄마들은 재능을 나누는 선생님이 되기도 하고 반대로 학습자가 되면서 서로의 성장을 지지하는 동반자가 된다. 그림책을 출판하거나 창업을 시도하고, 교육 강사로 다시 나서는 등 새로운 길을 만들고 있다.

현재 역량 있는 여성들을 지원할 지역 인프라는 부족하고, 육아를 분담하거나 사회 복귀를 돕는 제도적 기반은 거의 없다. 경력단절 여성 정책은 여전히 '생계형 지원'에 머물러 있다는 지적이다. 일자리 알선과 단기 직업훈련 중심의 접근은 오늘날의 복합적 현실을 담아내지 못하므로 이제 정부와 지자체가 경력단절 여성을 재도약의 주체로 인식해야 한다.

그 시작은 생활권 기반의 지역 거점 공간을 마련해주는 일이다. '슈필라우미'처럼 여성들이 스스로 활동하고 배울 수 있는 공유 공간을 각 지역으로 확대 지원하는 것이다. 이는 단순한 시설 지원이 아니라 관계 회복의 플랫폼이 된다. 그리고 돌봄과 학습의 병행 구조를 만들어야 한다. 아이를 돌보는 시간에 참여 가능한 온라인·하이브리드 프로그램, 시간제 돌봄 연계형 학습 모델이 시급하며 사회적 가치 활동과 연계된 지원 체계가 필요하다.

경력단절 여성은 지역사회의 문화·교육·복지 분야에서 큰 역할을 할 역량을 지닌 인재들이다. 이들을 자원봉사 수준이 아닌, 전문 인력으로서 인정하고 지원의 관점을 바꾸어야 할 때다. 이러한 변화는 '복지'가 아니라 투자다. 이들이 사회로 돌아오는 순간, 우리 도시는 새로운 활력과 지혜를 얻게 될 것이다.

• 여성들이 스스로 활동하고 배울 수 있는 공유 공간을 확대해야 한다.

이제는 김포시가 집 밖의 활동터로 나오는 그들의 걸음을 도와야 한다. 다양한 문제 해결을 위한 방안 제시를 통해 김포를 건강한 부모들이 오래 머무를 수 있는 도시로 만들어야 할 때다.

나의 길은 '봉사'로 이어가는 길

현대인은 학력, 직업, 경력, 성별에 상관없이 현직에서 은퇴하는 나이 60대 초중반이 되면 모두 똑같은 고민을 한다.

'무엇을 하면서 어떻게 노년 인생을 보낼 것인가?'

이미 그 나이에 접어든 나로서는 친구, 선후배, 지인 등을 통해 사람들이 노년 인생을 무엇을 하며 보내고 있는지 또 어떻게 보내려 하는지 그 실상을 접한다.

여전히 생업을 위해 일하는 사람, 소일거리를 찾아 적당히 일하며 용돈을 버는 사람, 노후를 보낼 경제력이 충분하다는 이유로 여행이나 스포츠를 즐기며 시간을 보내는 사람,

경제적 여유가 없다는 이유로 하릴없이 시간을 보내는 사람, 일하느라 바쁜 30~40대 자식들을 대신해 손자녀 학원·학교 픽업을 해주는 사람, 건강이 좋지 않아 병원을 다니며 쉬는 사람 등 그야말로 각양각색이다.

다만 예전과는 달리 '백세시대'라는 말이 피부에 와닿게 실감이 난다. 초고령사회로 접어든 지금은 불과 10년 전과도 사뭇 다르다. 80~90대 연령층의 어르신들이 부쩍 늘어났고 그 나이에도 건강하게 활동적으로 취미생활을 즐기거나 사회활동을 하는 어르신들 또한 많아졌다.

그야말로 장수시대다. 다만 앞서 화두로 던진 '무엇을 하면서 어떻게 노년 인생을 보낼 것인가'에 대한 고민에 앞서 '건강'을 걱정하지 않을 수 없을 것이다. 사는 날까지 아프지 않고 스스로 움직이며 생활할 수 있기를 소망한다.

65세인 나 또한 마찬가지다. 다가오는 노년의 삶을 어떻게 보낼 것인지? 건강은 또 어떻게 지킬 것인지에 대한 생각을 하지 않을 수 없다. 이런 현실 속에서 나로서는 이미 오래전부터 노년기에 하고 싶은 주력 활동으로 못 박은 한 가지가 있다. 그것은 '자원봉사'다.

자원봉사를 하려면 네 가지 필수요건이 필요하다. 무엇보다도 자신의 의지로 시간과 재능, 경험을 도움이 필요한 이웃과 지역사회 공동체 형성에 아무런 대가 없이 내놓는

• 나는 녹색어머니회 활동 등 자원봉사에 적극 참여해왔다. 그리고 내 노후를 봉사활동으로 채울 것이다.

다는 '자발성'과 금전적 대가를 받지 않는 '무보수성', 이웃과 지역사회 내 삶의 질을 향상시키기 위하여 활동하겠다는 '공익성'이다. 또 한 가지는 일정 기간 정기적으로 봉사활동에 참여하는 '지속성'이다.

우연한 계기로 시작해서 지난 20여 년간 이어온 지역 중심의 자원봉사활동은 시 전역으로 영역이 넓어졌고 '1365자원봉사포털'에 남은 나의 봉사 기록은 123회 429시간이다. 자원봉사 '2만 시간'을 기록한 분들도 있으니 시쳇말로 자원봉사했다고 명함을 내밀 수도 없는 입장이지만, 그간 다양한 활동을 통해서 자원봉사에 필요한 필수요건 네 가지는 몸에 자연스럽게 익은 것 같다. 그래서인지 내 노년 인생을 보다 활력 있고 의미 있게 채워줄 활동으로 자원봉사를 택했다.

혹자는 노년기 자원봉사활동에 대해 이런 말을 하기도 한다.

"좋은 일이긴 하지만 내가 뭐 할 줄 아는 게 있다고 누굴 도와."

"그거 한다고 뭐가 나와?"

"나이 들면 조용히 내 몸 건사나 잘하고 사는 게 제일이지."

상황에 따라서 입장에 따라서 얼마든지 할 수 있는 말이기도 하다. 하지만 나는 자원봉사활동이야말로 나의 노년기를 더욱 건강하고 행복하게 만들어줄 것이라는 확신이 있다. 이미 경험을 통해 얻은 결론이긴 하지만 '자원봉사는 곧 나 자신을 위한 것이다'라는 나름의 진리를 체득했기 때문이다.

자원봉사활동을 들여다보자. 일단 몸을 움직여야 가능한 활동이 대부분이다. 그만큼 건강 유지를 위한 기초체력이 유지된다는 것이다. 또 활동 과정에서 '나도 누구에겐가 필요한 존재'라는 것을 깨닫기에 노년기에 자칫 상실감으로 이어질 수도 있는 '자존감의 부재'는 걱정하지 않아도 된다. 게다가 누군가에게 조금이라도 도움을 주는 일로 시간을 보냈다는 것에 대한 만족감이 큰 데다 활동 자체가 누군가를 만

나서 함께 하는 일이기에 소통을 통한 즐거움과 행복감을 얻을 수 있다. 이쯤 되면 자원봉사는 타인을 돕는 일이기 이전에 나 자신이 얻을 수 있는 것이 많다는 얘기다. 이런 무형의 자산은 돈으로도 살 수 없는 큰 가치를 지닌다.

현재는 도의원이 나의 일이자 직업이다. '정치인' 이전에 김포시와 경기도를 위한 일꾼으로 존재한다고 생각한다. 기회는 무한정 찾아오지 않고 앞날은 한 치 앞도 예측할 수 없는 게 우리의 삶이다. 만일 김포시를 위해서 일할 수 있는 기회가 주어진다면 어떤 역할이든 한 번은 더 뛰고 싶다는 열정과 바람은 있다. 그다음 이어갈 '나의 길'은 자원봉사자의 길이다.

소망하건대 나는 지금 어떤 활동이든 또 다른 시민 자원봉사자들과 함께 힘을 합하고 웃으면서 즐거운 마음으로 봉사활동을 하게 될 시니어 인생의 그 날을 기다린다.

홍원길이 미리 그려보는 '김포 2035'

"안녕하세요?"

"홍 선배님 오랜만입니다. 어디 가시는 길인가요? 저는 서울역까지 가서 기차 타고 고향에 좀 다녀오려고요."

"네, 서울 중심까지 한 번에 갈 수 있는 전철이 생겨 정말 편리하죠. 옛 직장 시절 후배를 ○○역에서 만나기로 했어요. 본래 서울에 사는데 60대 후반이 되더니 공기 좋고 생활 편리하면서도 여유가 있는 김포로 이사를 오고 싶다네요. 그러면서 이런저런 정보 좀 듣고 싶다고 해서…."

"그렇군요."

2010년대 초반 작은딸 중학교 재학 시절 함께 학교운영위원 활동을 했던 회원을 지하철 안에서 만날 줄이야. 어느

새 70이 된 그도 머리카락은 반백이었지만 얼굴은 여전히 50대처럼 젊어 보였다.

"외손녀 많이 컸죠? 아기 때 본 것 같은데."

"네, 초등학교 3학년입니다. 지난해 김포FC 유소년 축구단에 들어갔어요. 축구선수가 되고 싶다고 하네요."

"아 그렇군요. 저희 손자는 2학년인데 꿈이 제과제빵사라네요. 그래서 요즘 김포문화재단 쿠킹교실에 다니면서 쌀케이크 만들기에 푹 빠져 있답니다."

"○○ 씨는 요즘은 뭐 하세요?"

"아직 직장에 다니는데 주 3일만 출근합니다. 물류팀이어도 스마트 팩토리가 돼서 힘든 것은 없습니다. 사무실에서 원격조정만 하면 로봇이 알아서 상하차까지 하니까요. 저는 스마트폰 앱으로 수·발주만 관리합니다."

"좋은 시대입니다. 요즘 산업단지는 연기도 냄새도 안 나고 조경이 잘 돼서 마치 대학 캠퍼스 같더라고요. 나름 워라벨의 삶을 즐기시는 거죠?"

"그럼요. 벌써 가을입니다. 선배님 곧 '김포국제푸드페스티벌'도 다가오네요. 그때 만나서 김포 막걸리라도 한잔하셔야죠?"

"그래야죠. 그런데 자원봉사자로 활동해야 해서 술은 못 마시지만, 얼굴은 볼 수 있을 겁니다. 그럼 그때 봐요."

• 미리 그려보는 2035년의 김포.

이보다 더 좋을 순 없다. 75세임에도 내가 태어나고 자란 고향 땅 김포에서 살고 있다는 사실만으로도.

솔직히 말해서 50여 년 전 20대 시절만 해도 내가 김포에서 고향을 지키며 나이가 들 것이라는 생각은 했지만, 지금처럼 딸들과 손자녀들도 이웃에 함께 살 것이라는 기대나 바람은 없었다. 그도 그럴 것이 그 시절만 해도 많은 이들이 서울로 또 다른 도시로 저마다의 꿈을 찾아 떠났고 김포시가 이렇게 변하고 발전할 줄은 미처 생각도 못 했으니까.

따뜻한 가을 햇살이 지하철 유리창을 스며드는 동안, 나는 창밖으로 펼쳐진 김포의 풍경을 바라본다. 예전에는 황량하게 느껴지던 들판과 강변에도 이제는 잘 정비된 산책로와 공원이 들어섰고 시민들의 삶과 어우러져 있다. 아이들은 뛰놀고 청년들은 자전거로 출근하며 어르신들은 벤치에 앉아 담소를 나누는 모습이 일상 속 풍경이 되었다. 곳곳에 새로 지어진 아파트 단지와 상점가도 조화를 이루고 있어 김포가 단순한 '서울 근교 도시'를 넘어 삶의 품격과 여유를 갖춘 도시로 자리 잡고 있다는 사실이 새삼 실감 난다.

지하철 문이 열리고 나는 발걸음을 옮기며 마음속으로 다짐했다.

앞으로의 김포는 단순히 도시가 아닌, 시민 모두가 주체가 되어 삶을 디자인하고, 꿈과 여유를 누리는 무대가 될 것이다. 스마트 도시 기반의 지속 가능한 발전, 문화와 관광의 활성화, 세대와 세대를 잇는 공동체, 그리고 시민 한 사람 한 사람이 삶의 주인공으로 살아가는 도시. 그 모든 미래가 이미 지금 이 순간, 우리 눈앞에서 현실이 되고 있음을 나는 느낀다.

김포는 그렇게 시민과 함께 꿈꾸고, 만들어가는 도시로 영원히 살아 숨 쉴 것이다.

홍원길의 한길

김포시민의 곁에서 함께 걸어온 기록

초판 1쇄 2026년 2월 10일

지은이 홍원길
펴낸이 김현종
기획총괄 배소라 **출판본부장** 안형태
편집 최세정 진용주 김수진 장진경
디자인 푸른나무디자인 **마케팅** 김예리 신잉걸
방송사업·미래전략본부 정태준 문상철 이주리 백범선 남궁주철

펴낸곳 (주)메디치미디어
출판등록 2008년 8월 20일 제300-2008-76호
주소 서울특별시 중구 중림로7길 4
전화 02-735-3308 **팩스** 02-735-3309
이메일 medici@medicimedia.co.kr **홈페이지** medicimedia.co.kr
페이스북 medicimedia **인스타그램** medicimedia
유튜브 medici_media

ISBN 979-11-5706-536-3 (03340)